PÉDAGOGIE DE GUERRE

PAGES RECUEILLIES

PAR

Raymond THAMIN

RECTEUR DE L'ACADÉMIE DE BORDEAUX

LIBRAIRIE HACHETTE

79, BOULEVARD SAINT-GERMAIN, PARIS

1920

PÉDAGOGIE
DE GUERRE

PÉDAGOGIE DE GUERRE

PAGES RECUEILLIES

PAR

Raymond THAMIN

RECTEUR DE L'ACADÉMIE DE BORDEAUX

LIBRAIRIE HACHETTE

79, BOULEVARD SAINT-GERMAIN, PARIS

1920

PRÉFACE

ment exprimée d'ailleurs, l'histoire morale,
pendant les années de guerre, d'un coin de la
France universitaire, plus précisément d'une
académie, de l'académie de Bordeaux. C'est
l'histoire de mon régiment. Si je n'ai pas
donné au présent livre ce titre qui me ten-
tait, c'est par respect pour un terme militaire
que, pendant quelque temps encore, il y aura
impertinence à usurper et à détourner de
son sens propre. Ceux qui se sont efforcés
de servir de leur mieux, mais à l'arrière, ne
voudraient pas laisser croire qu'ils se
comparent aux combattants. Il faut tout
de même que le pays se souvienne qu'il
s'est spontanément mobilisé tout entier,
et que cet effort unanime fut un des éléments de sa victoire, comme cette unanimité fut la joie des heures douloureuses.

Histoire ancienne, déjà ancienne, me disait une directrice de lycée à laquelle je demandais l'autorisation de reproduire des paroles inspirées par son cœur d'éducatrice. Mais c'est de l'histoire et, à ce titre, n'est-il pas utile d'en recueillir, pour l'historien de demain, les lambeaux encore chauds? N'est-il pas utile aussi, d'une utilité immédiate et plus pratique, de nous souvenir de nous-mêmes, et de prolonger, dans ses effets salubres, l'esprit de guerre qui souffla en nous?

Par la force des choses, celui qui signe ce livre en a écrit la plus grande partie ; il ne l'a pas écrit tout entier cependant, on le verra ; et ce qui, pour lui, est le plus intéressant, c'est ce qu'il n'a pas écrit lui-même. Une signature collective eût peut-être mieux convenu ; car c'est une âme collective qui s'exprime. Et ce qu'il faut ajouter, c'est que cette âme n'est pas celle d'une région universitaire plutôt que d'une autre ; c'est celle de l'Université tout entière. D'autres recueils, analogues à celui-ci,

peut-être mieux remplis, pourraient pa-
raître. Nous souhaitons qu'ils paraissent.
Nous ne redoutons pas des similitudes qui
seraient, à elles seules, un témoignage. Et
les écoles de chaque région trouveraient
alors, dans un bréviaire à elles, de quoi
entretenir et vivifier le cher souvenir de
leur ardente communion dans l'amour de
la patrie.

PÉDAGOGIE DE GUERRE

I

LETTRE AUX PROFESSEURS ET INSTITUTEURS MOBILISÉS DE L'ACADÉMIE DE BORDEAUX

16 février 1916.

Je cède au désir de m'entretenir avec ceux des nôtres qui sont au feu. Je ne les rencontrerai pas dans les lycées et colléges — ou ce qui en tient lieu — que je vais me mettre à visiter, quoiqu'ils soient ceux que ma pensée cherchera. Comme d'autre part je ne puis aller les trouver où ils sont, force m'est bien d'écrire. Je le dois d'autant plus que le 1er janvier 1915 a heureusement substitué à mon lot ordinaire de cartes de visite bon nombre de cartes militaires, et que je n'ai pu

répondre à chacune aussi longuement que je
l'aurais voulu. Qu'elles ont été cependant les
bienvenues ! Elles m'apportaient un peu de
l'air vivifiant du front que j'ai respiré, avec
le témoignage particulièrement cher en ce
moment de votre souvenir. Ce souvenir était
pour tout ce que je représente autant que
pour moi-même, c'est entendu ; il allait à vos
élèves, à vos colléges, à vos livres même.
C'est pour cela qu'il avait tant de prix. J'imagine ce qu'a dû être dans vos pensées, au
moment où l'année recommençait, cette vision de la classe abandonnée, doucement
mélancolique, souvenir et espérance tout à la
fois, combien différente de votre vie présente,
différente en apparence seulement, puisque,
au fond, c'est la même âme qui vous anime,
prête aux devoirs successifs qui s'offrent à
elle.

Je vous dois de nos nouvelles en échange
des vôtres. Tout en souffrant de l'absence de
ses fils, l'*Alma mater* se porte assez bien.
Aucune classe ne chôme. Vos élèves ne vous
oublient pas ; ils pensent à vous en travail-
lant. Vos collègues ont accepté, sans mar-
chander, que fût doublé l'effectif de leurs

classes, et presque doublé le nombre de leurs heures de service. Ceux qui étaient retraités ont repris le collier ; j'ajoute (car vous avez le droit de tout savoir) qu'ils ne touchent aucun traitement. Nous avons, comme c'était justice, offert l'hospitalité à quelques professeurs belges. Dans les écoles rurales enfin, comme aux champs voisins, il arrive que les femmes remplacent les hommes. Chacun fait tout ce qu'il peut, c'est le mot d'ordre. On est récompensé quand arrive une lettre de vous ; on se la passe, on est fier, on se croit un peu au feu. Puis votre bonne humeur rayonne et réconforte.

Je veux aussi vous donner des nouvelles des établissements de jeunes filles. Quand j'enseignais la morale à des jeunes filles, il m'est arrivé de donner ce sujet à traiter : « Des devoirs de la femme en temps de guerre ». On aboutissait à dire qu'elles devaient se résigner et ne pas démoraliser les hommes. Ah ! mes amis, que la réalité a été plus inventive ! Oui, vos mères et vos femmes ont le courage de l'attente patiente et du sourire dans l'angoisse. Mais elles font plus ; elles ont cumulé toutes les formes de service à leur portée : le service des blessés ; on avait entendu parler des Dames de la Croix-Rouge, mais personne n'avait prévu que toutes les Françaises se feraient les sœurs de tous les blessés de France, comme d'une grande famille, et que le voile blanc de l'infirmière couvrirait même parfois des deuils héroïques de mères ou d'épouses ; — le service des réfugiés, qui sont des blessés à leur manière, blessés dans le sol et la maison qui sont une autre chair, blessés dans leurs plus tendres souvenirs, dans les tombes des leurs profanées, dans les clochers fiers ou humbles qui ont fumé ; — le service de tous les misérables dont la guerre accroît le nombre ; — le service sacré des orphelins ; — votre service enfin. Quand la crainte s'est répandue que vous ayez froid, tous les magasins où se vend la laine ont été vidés en quelques jours, et le tricot et l'appellation de tricoteuse ont été du coup réhabilités. On tricote dans toutes nos écoles. Nous sommes devenus ainsi de grands fournisseurs, et il est arrivé que des régiments demandent des lainages aux inspecteurs et au recteur qui, l'an passé, ne tenaient pas ce rayon. Si vous voulez vous rendre compte, quand vous reviendrez, de ce qu'a été, pendant votre absence, la vie d'un lycée de jeunes filles par exemple, je vous signalerai un article paru dans une des revues qui vous sont familières, et qui constitue un instantané assez bien pris. Ce lycée a été un modèle, mais beaucoup ressemblent à ce modèle. C'est que, voyez-vous, vous avez singulièrement relevé le prestige de notre sexe depuis quelques mois. Les femmes se sont piquées au jeu ; elles ont voulu être dignes de vous. Croyez-moi, elles y ont réussi.

L'Université tout entière est « un coin de France qui va bien », comme disait Bersot de l'École Normale au ministre Bardoux qui la visitait. Chère École Normale, des derniers venus de ses élèves, de ceux qui habitaient encore ses vieux murs, combien peu y rentreront sans blessure, combien ne rentreront pas ! Il semble que la patrie ait réclamé, comme elle eût accordé une faveur, ce bel holocauste d'intelligences, d'espérances, de valeurs morales, qui lui a été gaiement offert. J'ai lu quelque part que nos amis de l'étranger s'étonnaient de la prodigalité avec laquelle nous envoyons au-devant du danger commun nos écrivains et nos savants, sacrifiant ainsi les moissons futures et proposant même à la balle stupide de jeunes fronts déjà ceints de lauriers. Qui donc parmi vous cependant, je ne dis pas regretterait, mais accepterait même l'ancien privilége? Ce dont on vous a fait un devoir, vous le revendiquez comme un droit : servir, servir comme tout le monde, courir les mêmes risques et même quelques-uns de plus ; car, partout, instituteurs et professeurs de tout ordre, vous donnez l'exemple. J'en atteste les innombrables citations à l'ordre du jour dont vous êtes l'objet. Et ceux qui ne sont pas au feu se battent tout de même, ils se battent avec la plume, avec la pensée. Puisque cette guerre est, comme on l'a dit, une guerre de conscience, une guerre d'idées, ils tiennent le drapeau des idées françaises. Il s'est livré ainsi à l'arrière de belles batailles dont vous ne vous doutez peut-être pas, et que nous vous raconterons, quand vous nous aurez d'abord raconté les vôtres. Nos philosophes se sont demandé comment l'Allemagne d'autrefois était devenue le monstre entre les nations que nous voyons à l'œuvre, et ils ont décelé les sophismes qui sont devenus des crimes.

Nos historiens ont évoqué les traditions que nous représentons, et apporté à l'armée des vivants le renfort de l'armée des morts. D'autres scrutent les origines de cette guerre et fixent les responsabilités. Tous entretiennent notre foi dans la justice de notre cause et vivifient nos espérances. Tous sont les ministres de notre défense morale. Je ne vous cite aucun nom, de même qu'on ne cite pas les noms des généraux vainqueurs. Mais l'heure de la reconnaissance publique sonnera pour les généraux de la pensée française comme pour les autres. Ils auront été de bons ouvriers de la tâche commune. Et de même que vos maîtres sont fiers de vous, vous serez fiers d'eux. Il est juste de le dire aussi, les générations qui ont précédé la vôtre n'ont pas perdu leur temps, puisque, n'ayant pas eu à combattre le grand combat, elles ont formé l'esprit et le cœur des combattants d'aujourd'hui. Les choses tournent parfois autrement qu'on ne l'espère ou qu'on ne le craint. Un enseignement qui traitait certains sujets avec une gravité discrète, et où le patriotisme se voilait de pudeur, n'en a eu que plus de prise, et a créé ces réserves de force contenue qui ont si heureusement éclaté. L'Université a sa part dans la victoire que remporte la jeunesse sortie de ses mains.

Je vous parle de ce que font vos collègues et vos maîtres, parce que c'est ce qui vous intéresse. J'ai peut-être tort cependant, car c'est du pays entier qu'il faut dire la même chose. Un Anglais faisait cette remarque que la France entière, à l'heure présente, semble respirer comme un seul individu. Oui, tous nous avons la même pensée et le même but. Oui, tout le monde est mobilisé d'une certaine manière ; tout le monde est au devoir, sinon au danger. Encore nos ennemis se sont-ils ingéniés, par les formes multiples de leur barbarie, à donner le frisson du danger à ceux que les guerres d'autrefois eussent épargnés, comme pour nous rapprocher de vous et mieux élever nos âmes à la hauteur des vôtres. Ils voulaient terrifier, ils ont exalté. L'âpre Forain représente deux soldats causant ensemble : « Pourvu qu'ils tiennent? — Qui ça? — Les civils ». Eh bien ! mes amis, les civils tiennent. Ne souriez pas et ne pensez pas : « Parbleu ! le grand mérite ! ». Il est très grand. M. de Mun, qui avait été un vaillan soldat et qui pouvait faire les comparaisons nécessaires, ne cessait de parler, dans ses articles enflammés, de cette torture morale de ceux qui n'agissent pas, ou qui n'agissent pas de la seule façon qui semble la vraie et la bonne aujourd'hui. Attendre le résultat sans y travailler, savoir que tout est en jeu, notre patrimoine moral et matériel, notre foyer, la vie d'êtres chers, la patrie enfin, et pendant des jours, des mois, être là impuissant, presque inutile... ; croyez-en un père, les pères ont autant à souffrir que les fils, quelques misères que ces fils endurent, eux dont un devoir précis et l'enthousiasme du grand rôle qui leur est dévolu soulèvent les énergies. Eh bien ! les pères résistent à leur anxiété et, ne l'ai-je pas déjà dit d'elles? les mères aussi. Leurs fils peuvent être sans inquiétude. Aucun signe de défaillance à l'avant, aucun signe non plus à l'arrière ; aucun sur le front où vous êtes, aucun dans les organes plus délicats et plus sensibles de la patrie qu'en d'autres temps de moindres émotions eussent débilités. Le *sursum corda* de la journée du 4 août n'a pas épuisé sa vertu régénératrice. On a parlé à l'étranger avec étonnement du puritanisme

qui se révélait dans notre tempérament national, puritanisme sans raideur, vous le pensez
bien, et qui garde le sens français de la mesure.
Mais la maison est grave d'où les jeunes sont
absents, et partis pour quels risques. On a fait
comme un vœu depuis la mobilisation. On se
reprocherait de prendre un plaisir quand
vous avez froid, quand vous avez faim, vos
souffrances étant comme des dettes contrac-
tées envers vous par ceux qui ne les partagent
pas. On vous laisse le soin, dont vous vous
acquittez, paraît-il, de sauver la gaieté française. On vit enfin dans une atmosphère de
bonne volonté unanime. Toutes les querelles
se taisent. Et on se met d'accord pour des
réformes qui, en temps de paix, semblaient
irréalisables. L'absinthe est boutée hors de
France, comme un autre ennemi, victime
imprévue de la guerre. L'alcool lui-même est
menacé. Les plus prévoyants pensent déjà
aux devoirs du lendemain que la guerre
léguera à une nation qui non seulement veut
vaincre, mais profiter de la victoire. Enten-
dez par ce profit l'assainissement plus encore
que l'enrichissement. En vérité, nous nous
retrouverons meilleurs les uns et les autres.

Hors de France enfin les nouvelles aussi sont bonnes. Au début de la guerre, à voir trois grandes puissances contre deux dont l'une n'était qu'une suivante, l'étranger a hésité. Mais il n'a pas pu lire les livres de toutes les couleurs sans voir ce qui crève les yeux. L'excès même de propagande de la part de notre ennemi l'a mis en défiance. Entre ce tumulte de vantardises et de mensonges et la dignité de notre silence un contraste s'établissait. Ainsi notre réserve même nous a servi, ce qui ne veut pas dire qu'il n'est pas temps d'en sortir. Et nous en sortons, et nous publions les faits, les documents irrésistibles. Puis, la lumière s'étant faite dans les esprits, le cœur du monde aussi s'émeut et un immense courant de sympathie déferle vers nous qui est une force et un réconfort. Des nations, les latines, se disent : mais c'est notre cause qui se débat ; est-il juste, est-il sage de laisser la France, quoique coutumière de ce rôle, soutenir sans nous la lutte gigantesque? D'autres, moins voisines de nous par le sang, découvrent que ce sont des intérêts humains, universels qui sont en jeu. Le troisième associé que les Austro-Allemands ont réussi à se donner n'a guère honoré leur cause. Et bientôt ce sera tout le monde civilisé qui sera avec nous, sinon sur les champs de bataille, du moins par les vœux ardents faits pour une victoire dont son avenir dépend. Or, nous avons connu une heure où l'indifférence des nations nous a trop fait souffrir pour ne pas apprécier des sympathies même non agissantes. Notre pays a besoin de se sentir aimé. — Comme le Français est sociable, la France est sociable en tant que nation. — Cela l'a entraîné à croire qu'il était aimé, quand il ne l'était pas. De cette illusion aussi il a été guéri. Et rien ne permet de supposer qu'aujourd'hui encore nous en soyons dupes. Il y a des accents que nous percevons et qui ne trompent pas. Je crains la longueur des citations. Je n'en ferai qu'une. Savez-vous ce qu'un représentant de l'Amérique du Sud disait récemment? Il disait que la France, en ces derniers mois, a ajouté au fonds moral de l'humanité et avait obligé les hommes à avoir désormais de la nature humaine une opinion meilleure. J'espère que vous serez contents de ce témoignage.

Ce qui fait la beauté du spectacle offert au monde, c'est l'union, qui n'avait jamais été

réalisée à ce point, de la grandeur de la cause
à défendre et de la valeur de ses défenseurs.
Car je veux aussi vous parler de vous. Toutes
les formes du courage vous ont été demandées
et vous ont trouvés prêts. Faut-il plus admirer
votre courage dans l'attaque, votre courage
dans la retraite, votre courage dans la reprise
triomphale de l'offensive, votre courage enfin
dans la lutte continue de ces derniers mois,
au cours de laquelle, la remarque a été faite,
vous avez livré autant de combats et gagné
autant de chevrons que les soldats légendaires
de Napoléon? Poilus, vous ne le cédez en
rien aux grognards. Vous avez élargi et enri-
chi la définition classique du soldat français.
Vous avez ajouté de l'inédit à l'histoire de
l'héroïsme humain. Votre adversaire est brave
aussi, non toutefois avec la même spontanéité
et la même bonne humeur. Il ne semble pas
avoir non plus le même goût de la prouesse ;
il n'a surtout pas cette bravoure « guidée par
l'honneur et épurée par le respect de la faiblesse », comme on définissait la vôtre hier[1].
Mais ce qui exhausse vos âmes au-dessus
même de leurs dons héréditaires, et achève le

1. R. Doumic Le Soldat de 1914

portrait du soldat français des années 1914 et 1915, c'est la pensée toujours présente en vous de ce que vous défendez : avec la France quelque chose de plus, comme si ce n'était pas assez d'elle pour l'épopée que vous vivez. La France n'est tout à fait elle-même et ne se bat jamais mieux que quand elle ne se bat pas pour elle seule. Cela lui est arrivé souvent, qu'elle servît l'idéal chevaleresque ou l'idéal révolutionnaire : elle servait toujours un idéal. L'histoire de la civilisation et l'histoire de France ont donc souvent coïncidé, mais jamais aussi pleinement qu'aujourd'hui. Et c'est pourquoi, se sentant reliée à tout son passé et sûre de suivre sa vraie destinée, elle n'a pas bronché au plus fort de l'orage qui a foncé sur elle. Tout au contraire ses poumons puissants semblent aspirer déjà l'air purifié qu'il laissera derrière lui. Une des douleurs supplémentaires que la défaite nous avait léguées et dont j'ai encore dans la mémoire l'amertume, c'est que cette défaite avait fait douter les esprits les plus sages de notre mission, et nous avait ramassés sur nous-mêmes, retraite nécessaire d'ailleurs, et dont il ne nous faudra pas oublier les leçons. La France, trop souvent dupe de sa générosité, ne devait plus penser qu'à elle. Plus d'apostolat d'aucun genre, ni de cette charité mal ordonnée qui ne fait que des peuples ingrats. Ces propos entendus avaient meurtri dans ma jeunesse l'idéal qui, au premier éveil de mon patriotisme, m'avait fait si fier d'être Français. Et voici que les bienfaits semés dans le monde lèvent aujourd'hui comme un blé enfin mûr; et voici que, même si nous ne le voulions pas, la fortune nous impose de défendre, avec la vie de la France, tout ce qui a donné à cette vie dans l'histoire une valeur sans pareille. O ma patrie, tu avais bien choisi la meilleure part.

Que ces pensées doivent prendre de force et en donner chez les hommes que vous êtes ! et je comprends ce que l'un de vous disait, dans une belle lettre, qu'il ne s'était jamais senti si professeur. Vous luttez pour ce que vous enseignez et vous confirmez vos leçons par vos exemples. Victor Hugo parle de « l'héroïsme grave propre aux lettrés », grave sans doute parce qu'il est plus conscient, plus chargé de pensée. Mais la pensée qui anime le vôtre n'est pas une étrangère en vous et se confond avec votre âme de tous les jours.

Vous enseignez que le droit prime la force, et vous avez affaire à ceux qui se sont empoisonnés eux-mêmes et qui risquaient d'empoisonner la conscience humaine avec la maxime contraire. Vous enseignez, après les droits de l'homme, le droit des peuples, et c'est contre ceux qui l'ont ignominieusement méconnu que vous travaillez à l'affermissement de ce droit nouveau. Au peuple colosse, bourreau d'un petit peuple, vous faites entendre à l'avance la malédiction de l'histoire : Caïn, qu'as-tu fait de ton frère? Vous enseignez la démocratie, et vous avez en face de vous cette « organisation » qui n'est qu'une combinaison du caporalisme avec le pédantisme. Vous honorez une beauté faite d'harmonie ; eux ne font cas que de l'énorme et du colossal, si bien que c'est à la beauté et à son avenir dans le monde que vous sacrifiez aussi dans vos tranchées. Vous honorez la vérité, et vous faites rentrer leurs mensonges dans la gorge de gens qui se sont délibérément mis au-dessus d'elle, historiens sans probité historique, diplomates faisant de la déloyauté leur arme préférée. « Tartufe entre les États », disait de la Prusse Heine qui la connaissait bien. Vous êtes des apôtres de paix, et vous ne faites la guerre qu'à la guerre. Vous êtes des apôtres d'humanité et, contre ceux qui ont déshonoré la guerre, la seule pensée de justes représailles vous fait encore noblement hésiter. Disciples conscients ou non de l'Évangile, vous prêchez l'amour; et leur éducateur national, Treitschke, est celui qui a dit : « Assez d'amour comme cela ; essayons maintenant de la haine ». Votre profession fait de vous, entre tous les Français, les fils pieux de la Grèce et de Rome, et c'est leur héritage que vous défendez. Dans les premiers combats du mois d'août, un jeune saint-cyrien mit à son képi, avant de charger, le flamboyant plumet, symbole des traditions de son école. J'imagine qu'à la même heure, dans vos mémoires à vous, professeurs, des vers de Corneille sonnaient la charge, ou encore que surgissaient devant elles, comme pour combattre à vos côtés, quelques-uns de ces héros antiques que votre éducation vous a rendus familiers, que vous rendez familiers à d'autres à votre tour. Cette guerre est aussi en effet la guerre de la civilisation gréco-latine, comme celle de la civilisation chrétienne, et contre des barbares qui ne sont pas sans ressemblance avec ceux d'autrefois. C'est la même histoire qui continue, de Marathon et de Salamine aux batailles de la Marne et de l'Yser. Et voilà pourquoi votre place était marquée parmi ceux qui la font, avant que le moment vienne de la raconter. Vous luttez pour des fins immatérielles autant que pour des fins matérielles. Éducateurs, vous sauvez des âmes.

Mais vous la raconterez à vos élèves, quand vous serez revenus, cette histoire que, pour votre part d'hommes, vous aurez faite. Et quels admirables professeurs vous serez ! Quel accent auront vos paroles pleines, à en déborder, de vos souvenirs, et qui auront reçu la consécration suprême de l'action ! Vous serez des exemples vivants pour toute une génération, cette génération bénie qui grandira dans le rayonnement de la victoire. Il y a du professeur dans le soldat que vous êtes ; il restera du soldat dans le professeur. N'y pensez pas encore, mais j'y pense pour vous, après le retour au foyer, à ce retour fêté aussi dans la cour de votre école ou de votre lycée, à cette première rencontre avec des élèves qui vous attendent et se préparent déjà à vous écouter. Pour ma part, je n'entrerai pas sans quelque respect dans vos classes, mais j'y entrerai heureux et fier de vous tendre de près la main que je vous tends de loin aujourd'hui.

II

QUELQUES RÉPONSES

I. — LETTRES D'UN PROFESSEUR COMBATTANT

Avant-postes, 9 mars 1915.

Monsieur le Recteur,

Nous étions hier deux poilus assis face à face dans un trou de tirailleur, derrière un grand chêne, à guetter, par-dessus les haies, les maisons d'un village occupé par l'ennemi. Il faisait un froid glacial : la neige nous envoyait des flocons dans les yeux, le vent nous cuisait les mains et les oreilles. J'ai tiré de mon pantalon de velours la lettre que vous avez adressée aux professeurs de votre académie, et je l'ai lue à mon camarade X..., acteur des tournées Baret, actuellement engagé

volontaire et soldat de 2° classe. Elle nous
a fait chaud au cœur, nous vous en remercions
tous deux, et, comme j'ai repos aujourd'hui
après trente-six heures sans sommeil, je veux
me donner le plaisir de vous répondre point
par point, en vous parlant d'homme à homme,
de Français à Français, et non pas du tout
de professeur à recteur. Vous nous parlez de
l'Université, de la France, du droit éternel,
et des raisons que nous avons de croire que
nous sommes les champions du droit aussi
bien que les défenseurs du pays. Je vais vous
dire ce que j'en pense.

L'Université, j'en suis très fier, et vous nous
en donnez d'excellentes nouvelles. Mon lycée,
je l'aime mieux, depuis que j'en suis loin ;
il me semble plus près de mon cœur....

Je suis content aussi de mes anciens élèves.
Une demi-douzaine d'entre eux m'ont écrit,
m'ont dit la fidélité du souvenir qu'ils me
gardent et l'impatience qu'ils avaient d'aller
au feu. L'un m'a cité les belles paroles d'Hy-
péride dans son Oraison funèbre des guerriers
morts pendant la guerre Lamiaque : « Ne
les pleurez pas, Athéniens : en échange d'une
vie mortelle, ils ont acquis une gloire immor-

telle », et l'admirable développement qui suit.
En voilà un pour qui les versions grecques
ne sont point perdues, et qui sait retrouver
et rajeunir et tirer de la cendre du passé,
pour la faire grandir, comme une flamme,
l'âme généreuse et frémissante qui dormait
emprisonnée dans les vieux textes de l'Hellade.
D'autres souhaitent de devancer l'appel,
d'autres se présentent à l'examen institué
pour recruter les futurs officiers de réserve.
Oui, de vous aussi, mes élèves, je suis content.
Vous m'avez compris, et, mieux, vous avez
compris à quoi servait la littérature. Traduire,
c'est comprendre, et comprendre c'est réaliser
en actes les sentiments dont on a une fois
reconnu la généreuse vertu.

Je n'oublie pas que j'étais l'an dernier
professeur au lycée de jeunes filles, que j'y
ai traduit du Tite-Live, du César, et nombre
de textes de ce grand Cicéron « qui aimait
bien sa patrie ». J'ai été profondément touché,
et touché jusqu'aux larmes, de recevoir, au
jour de l'an, les vœux de Mme la directrice,
et ceux de toutes mes anciennes élèves, sans
exception, avec leurs signatures. Je ne doute
. as qu'elles ne se soient mises, comme vous

le dites, au service des blessés, des réfugiés, « qui sont des blessés à leur manière », des orphelins, et des soldats, qui grâce à elles, à leurs envois, aux cartes qui les accompagnaient, ont connu, au cœur de l'hiver, dans les tranchées, le doux sourire de la bonté unie à la grâce, et la tiède chaleur du foyer, tout entière retrouvée au contact d'un ouvrage de laine sorti de leurs mains.

Mais ma grande joie, monsieur le Recteur, ma plus légitime fierté, la pensée, en laquelle j'ai mis toutes mes complaisances, m'est venue de ce qui est notre famille personnelle et intime à nous, normaliens, dans la grande association universitaire. Si l'Université de France a bien mérité de la patrie, que dire de l'École, de notre École? Chaque semaine, dans les journaux qui nous arrivent, je lis des noms de jeunes normaliens tombés à l'ennemi....

....J'ai discuté, avec un lieutenant de génie, auquel je servais d'homme de corvée, la question dont vous parlez. Pourquoi la France semble-t-elle exposer de préférence à la mort aveugle le meilleur, la fleur de sa jeunesse intellectuelle? D'abord parce qu'elle ne peut empêcher précisément les meilleurs de courir au feu comme à une fête[1], puis parce qu'elle ne peut nous dénier le droit, à nous qui l'aimons plus que les autres, qui savons mieux du moins les raisons et la force de cet amour, de faire aussi pour elle, si possible, plus que les autres. Que c'est juste ! Elle nous a donné bien plus que la vie matérielle. Ma pensée, ma langue, mon cœur, les chefs-d'œuvre de l'art, les beautés de la nature, par elle, grâce à elle qui fit de moi d'abord l'enfant de l'école primaire, puis le boursier du lycée, puis le normalien, puis le professeur, toujours guidé par sa main, toujours animé par son esprit dont je pressentais de plus en plus la merveilleuse beauté, avant de voir éclater cette beauté dans toute sa splendeur, par elle, j'ai vu, j'ai senti, j'ai aimé. Je lui dois tous les élans de mon âme, toutes les gouttes de mon sang. Le vieux Corneille l'a dit :

> Il est de tout son sang comptable à sa patrie.
> Chaque goutte épargnée a sa gloire flétrie.

1. Même expression dans la lettre d'un élève-maître de l'École normale de Dax, sous-officier aviateur, que j'ai sous les yeux : « D... m'avouait que, l'habitude aidant, il va au combat comme il irait à la fête. »

Et l'on voudrait nous dire de ménager ce sang que la simple reconnaissance, si l'honneur ne parlait pas, nous ferait un devoir de verser ! Non, c'est à nous, à nous les premiers, de donner l'exemple. Cela ne coûte guère. Nos classes manquaient d'air et d'espace. En voici !

Vous parlez encore des maîtres de la pensée, des écrivains, des orateurs, des journalistes, de nos anciens professeurs que leur âge empêche d'être autre chose que « les généraux de la pensée ». Ils nous font grand bien. Barrès est un admirable Français ; Boutroux, Lavisse, Bergson, tant d'autres que je lirai plus tard, si la guerre le permet, « servent » vaillamment. D'autres, moins grands, aussi dévoués, m'émeuvent encore et stimulent le zèle patriotique. Je ne les envie pas. Ma place est la meilleure. Le petit soldat qui meurt auprès de son fusil, après s'en être bien servi, est le premier, le nécessaire ouvrier de cette œuvre. Les autres ne parlent, n'écrivent, ne vivent que parce qu'il s'est battu.

Les civils tiennent, dites-vous. C'est très bien. Les soldats, eux, tiendront et avanceront. Nous ne trouvons pas que « c'est long ». Peu importe le temps. Le but est tout.

Il y aurait encore beaucoup à dire, — surtout sur le dernier point : la mission historique et actuelle de la France dans le monde. Mais ma lettre est longue déjà, et on appelle « pour la soupe ».

*_**

Avant-postes, 11 mars 1915.

Monsieur le Recteur,

Avec votre permission, je reprends mon bavardage où je l'ai laissé avant-hier. Aujourd'hui nous avons repos encore. Hier nous avons fait douze heures de patrouille, nous avons subi un feu violent de l'ennemi, nous l'avons chassé de notre bois, mais nous avons eu un homme tué. Mon ami X..., au risque de sa vie, car les balles sifflaient bien dans ce coin-là, a tiré le corps du fossé où il était tombé. Il faut que je vous fasse connaître mon ami X.... C'est un acteur, il avait été réformé pour faiblesse de constitution. Il n'a jamais fait de service. Le premier jour de la guerre, laissant là son gagne-pain (il était de la troupe du casino de M...), ses camarades et toutes ses affections, il est parti, uniquement désireux de se battre pour la France. Il était poussé par le patriotisme, comme nous tous, par l'honneur, par la volonté de se dévouer à une noble cause, mais encore par quelque chose de plus, comme il me l'a expliqué. Dans ce quelque chose, je démêle un grand sentiment et un grand hommage à la France. Le sentiment, c'est qu'étant Juif, il a voulu venger sa race d'un mépris injuste et prouver, par son exemple, que les Juifs sont disposés à se battre aussi vaillamment, plus vaillamment que ceux qui leur déniaient un cœur français. L'hommage, c'est qu'il a voué à la France une reconnaissance et une admiration, inspirées par la certitude que l'homme y est plus libre, plus fier, plus heureux, plus humain que dans tous les autres pays. Cette certitude lui vient des tournées qu'il a faites en Allemagne, et c'est ici que j'arrive à la comparaison que vous faites dans votre lettre entre l'esprit français et l'esprit allemand, entre les sentiments qui animent nos adversaires et ceux que nous nous glorifions d'avoir.

Nous, nous combattons pour une tradition dans laquelle se mêlent et s'unissent, vous l'avez dit, l'idéal chevaleresque et l'idéal révolutionnaire. Nous sommes la France des Croisades et de Jeanne d'Arc, la France de La Fayette et de Danton. Nous avons travaillé à l'affranchissement des États-Unis, de la Grèce, de toutes les nationalités opprimées. Eux, pourquoi donc ont-ils lutté, sinon pour l'oppression, eux qui ont bâillonné l'Alsace? Notre tradition est antique et généreuse. La leur est récente, violente et barbare. Ils ont patronné l'espionnage, et fait de la déloyauté une institution d'État. Nous, nous avons toujours aimé la franchise et la lutte à ciel ouvert. Honte à eux ! ils ont déshonoré la guerre, et, s'ils l'avaient pu, ils auraient déshonoré la science. Leurs intellectuels, leurs historiens, leurs professeurs ont vendu leur probité intellectuelle à un patriotisme haineux et agressif. Ils n'ont ni goût ni honneur. Déjà, il y a deux ans, c'est avec un frémissement que j'ai subi dans ma classe la présence d'un professeur allemand, autorisé par le Ministère à visiter les lycées. Il est venu une semaine entière, et n'a trouvé à me dire que ceci : « Nos élèves sont plus forts en thème latin que les vôtres ; ils traduisent en latin les mémoires de Bismarck.

Désormais, nous serons délivrés de toute cette vermine, comme disait mon ancien professeur de rhétorique à Condorcet. Ils avaient même faussé nos méthodes universitaires et fait perdre à quelques-uns le goût de la simplicité élégante, de la bonne humeur mesurée, étouffées par le lourd pédantisme et leurs monceaux de fiches.

Ce que je dis, je ne l'entends pas de toute l'Allemagne, ni par exemple de l'Allemagne qu'aimèrent Mme de Staël et Michelet. Mais je le dis de l'Allemagne actuelle, empoisonnée tout entière par l'impérialisme prussien; — qu'on l'en délivre : nous rendrons service à elle et au monde.

Tout ceci est bien emphatique pour le griffonnage d'un caporal. Excusez-moi, monsieur le Recteur, croyez à ma respectueuse sympathie et au plaisir que j'ai de causer avec vous.

SARTHOU,
Professeur au lycée de Bordeaux.

II. — LETTRE D'UN PROFESSEUR PRISONNIER

*Camp de prisonniers, Darmstadt,
le 1er avril 1915.*

Monsieur le Recteur,

Au fond de l'exil inactif mes plus grandes joies me sont venues de l'Université. Mes élèves en grand nombre m'ont écrit, lorsque je fus blessé, les lettres les plus touchantes ; mes collègues m'ont fidèlement tenu au courant des événements glorieux de notre chère maison ; M. le Proviseur n'a cessé de me témoigner son affectueuse sollicitude. Enfin je reçois aujourd'hui votre... vibrante lettre. Cette lettre adressée à vos professeurs, cette voix de France parvenue jusqu'ici, combien elle nous dépasse ! J'en ai fait la lecture à haute et claire voix devant mes compagnons, et c'est avec tout leur cœur qu'ils l'écoutaient.

Ah ! comme vous nous comprenez bien, comme vous devinez bien tout ce qui nourrit notre courage, comme vous sentez tout ce qui, en août, nous jetait à la frontière ! Le sort m'a trahi ou m'a trop gâté, il a fait un miracle, et, au milieu de tous les morts de ma section, là balle, qui devait m'apporter la fin la plus douce et la plus belle, s'est contentée de me broyer un bras que deux mois d'hôpital ont réparé. Et, depuis ma guérison, j'éprouve cette angoisse et ce remords de me sentir inutile, et aussi cette nostalgie du front, cette hantise du combat qui sont la plus grande souffrance de la captivité. Je pense peu au retour, à ma famille ; la brave petite Lorraine qui est ma compagne ne me pardonnerait pas de ne penser qu'à elle : on n'est pas jaloux de l'adorable France. Mon cœur est avec mes camarades des tranchées ; les deuils du lycée et ceux de l'École (tous mes coturnes sont tués !) m'emplissent moins de douleur que d'orgueil ; je suis moi aussi de la maison, et j'ai moi aussi essayé de mourir en archicube. Et j'attends avec passion, confiance et fermeté l'heure décisive et glorieuse [1].

A tout prendre, cette captivité n'est pas inutile. Outre que j'ai ici le devoir précis de remonter les cœurs et de redresser les volontés, cette longue inactivité est un peu ce que les religieux appellent une retraite : on s'y

1. La censure allemande a souligné ce mot et l'a accompagné d'un point d'exclamation.

replie, on médite, on se prépare. Il me semble
que je prends un élan ! Ah ! quelle joie de
rentrer dans la vie, de ressusciter, plus fort
d'avoir regardé la mort en face, plus sûr de
se connaître mieux, plus fier de soi, de son
pays, de sa mission. Vraiment, je passe ici
ma quatrième année d'École[1].

MOUSSAT,
Professeur au lycée de Bordeaux,
actuellement professeur au lycée de Metz.

[1]. Le même professeur, envoyé dans un camp de
représailles, écrivait à sa femme :

« C'est la dernière carte que je t'écris de Darmstadt.
En réponse à je ne sais quels mauvais traitements infli-
gés à des prisonniers allemands, l'Allemagne a décidé
des représailles contre l'élite de ses prisonniers. Ma
triple qualité de sous-officier de l'armée de France,
de professeur de l'Université de France et de blessé
sur le sol de France me vaut l'immense honneur d'être
choisi. Jamais je n'ai été plus heureux et plus fier de
mes galons, de mes parchemins et de mon bras cassé.

« La France n'aura pas de peine, si elle le juge bon, à
démontrer l'inanité d'accusations contre lesquelles toutes
ses traditions protestent. Mais elle n'a pas d'intimida-
tion à subir, et notre sort ne doit peser en rien sur sa
décision. Ma santé, ma gaieté, ma fierté triompheront
de tout. Enfin, je reprends du service. Qui a souri à la
mort ne craint aucune représaille. Je n'attends de toi que
des félicitations joyeuses. Pas de plainte pour nous, tandis que d'autres se battent : tu es ma compagne d'armes. »

III. — LETTRE D'UN INSTITUTEUR

*(Lettre adressée à M. l'Inspecteur d'académie
des Basses-Pyrénées.)*

Tranchées du front, 19 mars 1915.

Monsieur l'Inspecteur d'académie,

Je viens de lire et relire la lettre que nous envoie, par votre intermédiaire, M. le Recteur de l'académie de Bordeaux.... M. le Recteur a dit ce que j'ai toujours pensé depuis le début de cette formidable guerre, et ce que je ne cesse de répéter autour de moi. Même sous le canon (je suis en ce moment dans une tranchée de toute première ligne, à quelque cent mètres de l'ennemi), nous n'oublions pas l'idéal pour lequel nous combattons. De savoir que l'accomplissement de notre devoir actuel dépasse en portée et notre personne, et notre temps, et même notre pays, — puisqu'il intéresse l'humanité même, dans le sens le plus profond et le plus complet du mot, — nous est un stimulant d'une vigueur incalculable. Ce sentiment, vous ne le trouverez pas seulement chez ceux qu'une certaine culture a affinés et rendus pleinement conscients du rôle qu'ils jouent, vous le retrouverez très puissant — bien que nécessairement un peu vague — chez les plus humbles et les moins cultivés des soldats.

Merci à M. le Recteur de nous avoir présenté en des accents si élevés et touchants, en même temps si affectueux, notre devoir actuel. Que M. le Recteur ait confiance. L'espoir qu'il place en nous ne sera pas déçu.

LADOUSSE,
Instituteur des Basses-Pyrénées,
Sergent au 143e territorial.

III

CHOIX DE CIRCULAIRES

I. — LE SALUT AUX BLESSÉS

Je trouve dans un journal pédagogique une heureuse suggestion. Des blessés à demi convalescents se promènent en grand nombre aujourd'hui dans les rues de nos villes et de nos villages même, le bras en écharpe, le front bandé, ou une canne appuyant leurs pas. Ces hommes se sont battus pour nous. Ils se sont battus en particulier pour nos enfants, à qui leur vaillance assure une patrie plus grande et plus honorée dans une Europe meilleure et libérée du cauchemar qui la hantait, à qui, dès aujourd'hui, elle a épargné les horreurs de l'invasion que d'autres Français ont connues. Envers tout blessé le petit Français a une dette de gratitude. Il la paie de tous les élans de son cœur. Cela ne suffit pas. Il faut qu'un geste rapproche le grand frère et le petit frère, le blessé et l'écolier, rappelle à l'aîné ce qui ennoblit et sanctifie sa souffrance, et signifie de la part du plus jeune qu'il sait déjà, si petit soit-il (car on grandit vite en cette année 1914), ce que d'autres ont souffert pour lui. Un simple salut haussera l'âme des petits à l'idée du sacrifice, et il apportera à ceux qui l'ont accompli, avec une fierté attendrie, la récompense due. Peut-être aussi ce témoignage de respect sera-t-il pour ceux qui accompagnent et soutiennent le blessé, père, mère, femme, de quelque adoucissement. Nous demanderons plus tard que ce respect dure. Durant toute la vie de cette génération qui se sacrifie pour les générations suivantes, le blessé devra être partout à l'honneur. Les blessures reçues à la guerre ont toujours été une parure. Mais si les blessures de tous les temps ont représenté ces nobles choses qui sont le mépris du danger, l'amour de la gloire et enfin la douleur vaillamment supportée, les blessures d'aujourd'hui représentent, plus souvent qu'en toute autre guerre, une chose plus noble encore : l'immolation consentie. Aussi jamais blessés ne nous furent-ils plus chers, en même temps que jamais ils ne furent aussi nombreux. Jamais blessés n'ont mieux mérité d'être les enfants choyés de la famille, car chaque famille a le sien, et aussi les enfants choyés de la patrie. En eux c'est la patrie militante, souffrante et déjà triomphante que vous honorerez. C'est à elle que votre salut dira (et c'est pour l'instant tout ce qu'elle attend de vous) : « Je pense à toi, et si j'étais plus grand, j'aurais fait comme eux. » Donc, et peut-être n'était-il pas besoin de toutes ces raisons, chapeau bas devant les blessés, mes amis.

Vous voudrez bien faire connaître le désir que j'exprime à tous mes élèves, c'est-à-dire aux élèves de tous les établissements d'enseignement public de l'académie de Bordeaux.

II. — LES ENTERREMENTS DE SOLDATS

Dans une ville de ce ressort, le maire s'est préoccupé, dès que les blessés affluèrent, de ne pas laisser sans cortége les enterrements de ceux qui succomberaient à leurs blessures. Il invita ses concitoyens à se joindre au piquet réglementaire, et à suivre ces enterrements, ayant à leur tête un délégué de la municipalité. Cela alla bien pendant quelque temps. Puis le cortége se fit plus mince et bientôt le délégué de la municipalité fut seul. Le maire eut alors recours au lycée, le priant d'envoyer un piquet d'honneur, composé d'élèves, à chaque enterrement de soldat. Le lycée adopta cette idée d'enthousiasme. Le rôle de l'administration académique fut seulement de régler cet enthousiasme, de prendre des précautions pour que les études n'aient pas à souffrir de cette obligation généreusement acceptée, d'établir un roulement, pour les devoirs à rendre, entre le lycée, les grands élèves des écoles communales, et ceux même de l'école de commerce qui sollicitait l'honneur d'y être associée. Dans tous les cas, ce culte des « morts pour la patrie » ne devait recruter que des volontaires, et un professeur devait accompagner chaque délégation.

Et maintenant je viens vous demander de tenter quelque chose d'analogue dans toutes les villes, dans les villages même où des hôpitaux militaires sont installés. Dans les villes, où les hôpitaux sont plus nombreux, et où le nombre des décès est, hélas ! plus considérable, le nombre aussi des élèves de tout ordre est suffisant pour que jamais une gêne pour le travail soit à craindre, suffisant surtout pour que l'effet moral de l'accomplissement de ce devoir sur ceux même qui l'accomplissent ne soit pas amorti par une répétition trop fréquente. Ces réserves faites, nous pensons que la population de chaque ville assistera avec émotion à cette démonstration répétée de la solidarité de l'armée et de nos écoles, et à ce reconnaissant hommage de la génération qui grandit à sa devancière qui s'immole. Nous espérons même que quelques grandes personnes (l'idée a déjà germé quelque part) s'entendront pour suivre l'exemple donné par les enfants, et que chaque soldat mort recevra ainsi les honneurs qui lui sont dus. A défaut de la sévérité grau-

diose des funérailles du front, celles de l'arrière auront dès lors, plus qu'elles ne l'ont
eu jusqu'ici peut-être, leur caractère et leur
grandeur aussi à elles.

Il ne faut pas en effet se contenter d'honorer les « morts pour la patrie » en bloc seulement, et dans les cérémonies publiques. Il
faut que chacun d'eux ait sa part individuelle de notre piété. Nous honorons en chacun d'eux sa dignité d'homme, sa vaillance
de soldat, les souffrances subies, les affections
qui l'entouraient, les tristesses lointaines que
nous évoquons autour du cercueil solitaire,
la grandeur du sacrifice accompli, quelque
chose de la patrie enfin. Nous devons en
outre à chaque dépouille de remplacer pour
elle l'adieu attendri du village natal et la
douceur de l'ensevelissement dans la terre
maternelle.

Le nombre de nos morts, qui nous fait tous
frères en deuil et en sacrifice, a resserré les
liens de la famille française. Chaque convoi
qui passe nous fait penser à un autre que
nous n'avons pu suivre. De sorte que nos
enfants ne feront que faire l'échange des
devoirs qu'ils rendront et de ceux qu'ils n'ont

pu rendre. Nous sommes assez fermes dans notre résolution d'ailleurs pour n'avoir pas peur de notre propre douleur, et nous rougirions de moins honorer les morts pour ménager la sensibilité des vivants. Plus ils sont même, plus notre piété s'exalte, bien loin de s'attiédir. — Associer nos élèves à la manifestation de ces sentiments, en faire même comme les officiants de ce culte, cela vaudra bien pour eux aussi une leçon de morale.

Je demanderai plus. Les vacances approchent. Mais il n'y a pas de vacances pour l'œuvre de la mort. Il ne doit pas y en avoir pour les honneurs à rendre à ses glorieuses victimes. Je suis persuadé qu'on trouvera des élèves volontaires dans chaque ville, même pendant cette période de l'année. Tous ne quittent pas la ville en même temps, s'ils la quittent; et des équipes s'organiseront, avec un peu plus de peine seulement pour l'organisateur. Je suis persuadé que les maîtres enfin seront heureux de montrer que, si les classes chôment, ils sont là prêts à tout autre devoir, et que le devoir de l'éducation ne chôme jamais pour eux.

III. — BIBLIOTHÈQUES DE GUERRE

M. le bibliothécaire de l'université de Bordeaux me faisait part, ces jours derniers, de son intention de constituer un fonds de la guerre, comprenant tout ce qui a été écrit d'important, dans toutes les langues, sur les événements actuels qui sont parmi les plus grands de l'histoire. J'ai donné avec joie mon approbation à ce projet.

Je désire que, dans de moindres proportions, et dans un esprit un peu différent, dans un souci moins de documentation historique que d'éducation nationale, un fonds analogue soit constitué dans les bibliothèques générales de tous nos établissements d'instruction. Et je crois qu'il faut s'y prendre dès maintenant. Après la guerre, nous aurons une tendance à en secouer le cauchemar. Nous n'aurons pas les mêmes raisons qu'en 1871, où de la pensée obsédante de la défaite ceux-là même cherchaient involontairement à s'évader qui savaient qu'il serait sage de se souvenir. Mais nous aurons tant d'autres raisons de penser tout de même à autre chose !

On publiera aussi des histoires plus complètes, mais qui n'auront pas la même saveur d'actualité. C'est maintenant qu'il faut comme saisir au passage tous les livres, toutes les brochures que nous voulons que nos fils, que nos élèves aient lus, et les mettre dans nos bibliothèques, en une place à part, bien en vue, et comme avec cette mention spéciale : On ne sera Français, vers 1920[1], que dans la mesure où on saura *tout* ce qui s'est passé cinq ans plus tôt, de quelles illusions les Français d'alors ont failli être victimes, ce que furent leurs adversaires, leur longue préméditation, et cette abominable complicité de leurs théories et de leurs appétits, d'où leurs crimes naquirent, ce que fut aussi ce qu'on a appelé d'un mot : « le miracle français ». Mais ce n'est pas l'oubli de l'héroïsme et de la victoire, c'est l'oubli des dangers courus qui est à redouter. Ce qui est à redouter, c'est ce sophisme : Tout était bien, puisque tout a bien fini. C'est pourquoi il faut donner le frisson des journées d'août à toutes les générations qui suivront la nôtre,

1. On pensait alors que, à la date de 1920, la paix serait faite depuis longtemps.

pour qu'elles n'aient pas à recommencer la même expérience et à connaître les mêmes angoisses.

Le choix des livres de distributions de prix a déjà familiarisé quelque peu les chefs d'établissements avec cette littérature de la guerre. Je leur demande de continuer à se tenir au courant. A ma prochaine visite dans chaque établissement, je me ferai montrer la liste des achats faits dans l'esprit que j'indique. Choisir, avec un soin prévoyant, les livres que les élèves de demain devront lire, plus même que ceux d'aujourd'hui à qui tout ce qu'ils entendent en apporte, en partie du moins, la substance, accomplir cette œuvre de défense anticipée contre la tentation d'ignorer ce qu'il est pénible de savoir, ou contre l'indifférence possible de successeurs vivant en des jours plus heureux, tout cela fait partie de notre devoir d'éducateurs, devoir dont la génération présentement assise sur nos bancs ne doit pas borner l'horizon.

IV. — LES « LETTRES A TOUS LES FRANÇAIS »

Professeurs et instituteurs,

Vous recevrez les « Lettres à tous les Français », que M. Lavisse et d'autres bons Français ont décidé de vous envoyer à tous indi-
viduellement. Ils me demandent l'appui de
mon autorité morale près de vous. Est-il bien
nécessaire? On ne jette pas au panier ce qui
est signé de certains noms. Mais, puisqu'ils
me l'ont demandé, je croirais me dérober en
ne l'apportant pas.

Je vous dirai donc : Lisez ces lettres;
faites-les lire autour de vous; inspirez-vous
de leur esprit. D'ailleurs elles vous feront du
bien, et vous donneront l'envie de faire le
même bien partout où vous pourrez atteindre.
Vous jouissez du privilége d'avoir un auditoire toujours à votre disposition, et un auditoire qui répète, et fait ainsi fructifier ce qu'on
lui confie. Quand certaines paroles sont dites
dans une école, sur un certain ton, c'est
toute une commune qui les entend. Usez de
ce privilége. Lisez à vos élèves ce qui, dans
ces lettres, vous paraîtra à leur portée, com-

mentez, résumez, faites de votre mieux enfin pour que, grâce à vous, elles soient vraiment les « Lettres à *tous* les Français ».

Je sais vous proposer là une besogne que votre patriotisme acceptera avec joie. Beaucoup d'entre vous, spontanément, ou bien ont institué, dans leur emploi du temps, ce qu'ils appellent « des classes de guerre », ou bien réservent, dans chaque classe, quelques instants à la méditation en commun des tragiques événements que nous vivons. Je les en loue. Si chacun, sans doute, doit accomplir, avec plus de conscience que jamais, la tâche quotidienne qui est un élément, si petit soit-il, de la vie nationale, et si c'est là aussi une façon de « durer » et de « tenir », il est vrai cependant que, pour ceux qui ne sont pas appelés aux grands devoirs près desquels nos devoirs à nous pâlissent, il en résulte comme une souffrance, il est vrai que cette tâche quotidienne ne nous suffit plus. Et j'imagine que la plupart, comme moi-même, se demandent, lorsque le soir tombe : qu'ai-je fait aujourd'hui, par quoi ma journée diffère de celles du temps de paix? Qu'ai-je donné à mon pays de temps, d'argent, d'effort,

d'amour, de privations acceptées ou de souffrance endurée? Le jour où vous aurez reçu
et répandu l'une des lettres que je vous
annonce sera donc pour vous un jour sans
remords.

Comme le dit, dans la première d'entre
elles, mon ami Durkheim, il n'y a pas dans
cette guerre de non-combattants, comme il
y en avait dans les guerres d'autrefois. Dans
la lutte inouïe qui nous est imposée, chacun
doit combattre, chaque jour, chaque heure,
à son rang et avec les armes qu'il a en main.
Vos armes à vous, c'est votre attitude,
l'exemple que vous donnez, la force morale
qui émane de vous, ce sont vos paroles ardentes, et, ce qui vaut mieux encore, confiantes.
N'ayez pas la modestie de juger tout cela
négligeable. Mais faites-vous plutôt des âmes
de combattants dans le poste où le sort vous
a placés. Dites-vous qu'il y a de menues victoires à remporter partout, dont sera faite
la victoire totale. Les lettres que vous allez
recevoir, et qui sont l'œuvre de patriotes,
mais aussi d'esprits probes et sincères, vous
enseigneront un optimisme raisonné. Que de
vous il rayonne. Ce sont des munitions qu'on

vous envoie pour les batailles que vous pouvez avoir à livrer contre des lassitudes et des défaillances. Si on s'adresse de préférence aux maîtres de la jeunesse, c'est qu'on les sait à même de servir utilement ; c'est aussi que vous êtes comptables devant le pays du prestige dont il a entouré vos fonctions, et des possibilités d'action qui vous sont dévolues. Comme le guetteur de la tranchée, veillez donc sur le coin du monde où cette action s'exerce ; et soyez vous-mêmes d'inattaquables remparts d'énergie.

Je sais, parlant ainsi à des universitaires qui ont déjà fait ce qu'ils ont fait, que je prêche des convertis, et je m'en excuse près d'eux. Une consigne m'était donnée. J'ai obéi comme un soldat.

V   — POUR L'EMPRUNT, 1915.

Le Gouvernement de la République a déjà annoncé un emprunt national qui sera comme une véritable mobilisation financière. Il compte sur l'Université pour aider au succès de cet emprunt, comme elle a pris jusqu'ici sa part dans toutes les tâches que les nécessités de la guerre ou les suggestions du patriotisme ont fait naître. Nous ne savons pas encore quelle sera la date de cet emprunt. La propagande n'en doit pas moins commencer dès demain. Nous n'en savons pas les conditions. Tout au plus savons-nous qu'il donnera à chacun l'occasion d'un bon placement. Aussi bien ne sont-ce pas des motifs d'intérêt privé qu'il appartient à l'Université de faire valoir près de ceux à qui elle parle d'ordinaire, mais des raisons d'ordre moral et de devoir civique. La guerre se fait aussi avec de l'argent, et en prêtant de l'argent au pays, c'est la durée de l'épreuve que nous pouvons abréger, ce sont des vies chères que nous pouvons épargner.

Il appartient aux professeurs de l'enseignement supérieur et de l'enseignement secondaire d'organiser dès maintenant des conférences dans lesquelles ils feront ressortir l'importance de ce nouveau grand devoir auquel les Français sont conviés. Je compte en outre que dans chaque établissement d'instruction tout sera mis en œuvre pour que

les parents soient atteints par l'intermédiaire
des enfants. Chaque chef d'établissement
réunira ses collaborateurs et répartira entre
eux une besogne dont aucun ne doit se désin-
téresser. Il ne faut même pas craindre d'exposer les enfants à entendre plusieurs fois la
même chose. Et je connais trop le tact traditionnel de l'Université pour penser que la
mesure de la propagande utile risque parfois
d'être dépassée.

Comme toujours, ce sont les instituteurs
qui, atteignant le plus grand nombre d'enfants, qui, jouissant chacun dans sa commune
d'une autorité que cette année de guerre a
encore grandie, auront le rôle principal à
jouer.... Les inspecteurs primaires qui ne sont
pas mobilisés devront évidemment se multi-
plier, et comme se mobiliser eux-mêmes, pour
cette croisade qui demande à être rapidement
menée. Il faut que, lorsque le Gouvernement
lancera l'appel, le pays tout entier ait déjà
pris ses mesures pour y répondre, que toutes
les bonnes volontés soient tendues vers le
succès de cette bataille qui assurera le succès
d'autres batailles, et dans laquelle la France
montrera au monde l'infini des ressources

qu'elle tient d'un travail séculaire et aussi l'infini de sa foi en elle-même.

VI. — POUR L'EMPRUNT, 1916.

Je vous ai rappelé, à maintes reprises déjà, qu'il n'y a pas de non-combattants dans cette guerre, mais que, entre tous les postes de combat de l'arrière, ceux que vous occupez étaient privilégiés, parce que les paroles dites en classe sont les paroles qui portent le plus loin. Le moment est venu d'une de ces batailles où ce ne sont pas nos soldats, mais vous, mais nous qui sommes engagés. Il faut que l'Emprunt National de 1916 soit une victoire comme celui de 1915. Cette victoire aura d'abord un effet moral, et démontrera, dans le langage expressif des chiffres, l'indomptable volonté de la France. Elle épargnera ensuite du sang et des deuils, en facilitant la multiplication de ces moyens mécaniques, qui ne suppriment pas le courage humain, mais empêchent qu'il soit un beau geste vain. Elle hâtera ainsi la paix, la paix que nous voulons, non une trêve entre deux guerres, et la permission donnée à l'ennemi de recommencer le coup manqué, mais une paix qui soit le règne chèrement acheté de la justice, et qui fasse à nos fils une Europe meilleure. Maîtres de la jeunesse, n'ayez pas peur d'être indiscrets, car c'est pour elle que vous travaillerez encore, en sortant du cadre de vos habituelles exhortations. Soyez éloquents, soyez habiles, comme on l'est quand on veut obstinément. C'est cette volonté obstinée de convaincre que je vous demande, et non pas un mot dit en passant. Sachez prévoir et déjouer les sophismes qui rôdent autour des mieux intentionnés. Aux pères qui, dans l'intérêt de leurs enfants, redoutent les risques, enseignez, par l'intermédiaire de ces mêmes enfants, que le risque est nul, et que c'est l'abstention qui serait un danger pour la patrie, c'est-à-dire pour les pères et les enfants tout à la fois. Vous n'oublierez pas surtout que vous vous adressez à un âge sur lequel ce sont les mobiles les plus nobles qui ont le plus d'action, comme ce sont ceux aussi qui prennent, dans de jeunes bouches, un irrésistible accent. Que, par votre voix, cent voix

soient suscitées. Que de juvéniles enthousiasmes s'allument au vôtre, comme cela se
passe d'ailleurs depuis deux ans. Et ne vous
laissez pas dire qu'il s'agit de finances, ce qui
ne regarde pas les enfants. Il s'agit aussi de
la France, ce qui les regarde.

VII. — POUR LES PRISONNIERS

Chaque jour nous apporte un nouveau
devoir. A l'égard de ceux des nôtres qui sont
prisonniers nous n'avons pas encore assez
fait. Nous nous sommes préoccupés de leur
vie matérielle que nous savions incomplète-
ment assurée par ceux qui les détiennent.
A mesure que la guerre se prolonge, il apparaît que leur vie intellectuelle a droit égale-
ment à notre sollicitude. Il faut les préserver
de l'ennui ; il faut même faire en sorte qu'ils
ne perdent pas pour le travail un temps qui
se chiffre dès maintenant pour beaucoup par
années. C'est un temps de retraite, m'écrivait
gaiement l'un d'eux. Mais la retraite dure trop
et perd par là son caractère. Vous savez sans

doute qu'il s'est formé spontanément dans certains camps ce que nos prisonniers appellent « des universités ». On échange des conférences, des cours, on s'occupe des illettrés ; on apprend des langues étrangères. Mais pour tout cela il faut des livres. Il faut des livres tout simplement pour la lecture individuelle ; nous savons même que quelques-uns en réclament pour des travaux de longue haleine qu'ils ont eu la vaillance d'entreprendre dans leurs loisirs forcés....

(Suivent des détails sur l'organisation matérielle de l'œuvre à accomplir.)

Et maintenant que la tâche apparaît, j'éprouve comme un remords de n'y avoir pas pensé plus tôt et d'avoir tant tardé. Ce n'est pas seulement la bonne santé morale de nos malheureux camarades qui est en jeu, c'est dans une certaine mesure aussi l'avenir intellectuel du pays, dont ils étaient les bons ouvriers, et pour lequel tant de journées de travail sont déjà perdues.

Je vous serai reconnaissant de vous atteler sans délai à cette besogne nouvelle que je demande à votre inlassable patriotisme, et je ne vous promets pas que ce sera la dernière.

VIII. — LA RÉPONSE DES ALLIÉS

La réponse des Alliés au président Wilson est plus qu'un document diplomatique ordinaire. C'est une véritable déclaration des droits des nations. Quoique nous ne sachions pas qui a tenu la plume, il semble bien que c'est l'esprit de la France qui a inspiré une doctrine et dicté un manifeste qui donnent à la Déclaration des droits de l'homme elle-même le couronnement qu'elle attendait depuis plus d'un siècle.

Je désirerais que cette réponse des Alliés, comme un grand fait historique, pénétrât dès aujourd'hui dans l'enseignement de nos écoles. Elle appellera des commentaires nécessaires et deviendra le centre d'une leçon d'histoire.

Aux plus jeunes enfants il conviendra de n'en présenter que des extraits qu'ils feront en dictée ou apprendront par cœur. Je laisse aux initiatives des maîtres le choix des moyens, pourvu que tous les élèves sachent plus ou moins obscurément que quelque chose de grand, quoique ce quelque chose ne soit pas d'ordre militaire, s'est passé, qui engage l'avenir et promet une Europe meilleure.

IV

DISCOURS DE DISTRIBUTIONS DE PRIX EN 1915

1. — LYCÉE DE BORDEAUX, DISCOURS DU RECTEUR

Messieurs,

A cette même heure, dans tous les lycées et collèges de notre pays, sauf dans ceux où l'ennemi encore peut empêcher les paroles françaises de se faire entendre, à cette même heure, l'*alma mater* parle à ses enfants, et elle leur dit les mêmes choses.

Être si nombreux à dire et à entendre les mêmes choses, cela a déjà quelque chose de grand, et pour ce quelque chose nous avons renoncé à la variété et à l'éclat des discours coutumiers. Et dans cette immense et fervente communion de nos âmes est une des raisons d'être de cette cérémonie même. Maîtres et élèves, avant de se séparer, pour un espace de temps qui peut être chargé d'événements, comme il est gros d'espérances, se regardent les yeux dans les yeux et, quoiqu'ils n'aient pas besoin de paroles pour se comprendre, ces paroles prononcées, partout les mêmes, prouveront que notre unanimité sereine et confiante ne cherche pas à se réfugier dans le silence, et diront quels sont les sentiments sur lesquels nous avons la fierté de vous laisser, après cette année scolaire à tous égards si exceptionnelle.

Elle a commencé à l'heure dite, et vous vous souvenez du frémissement de cette heure où vous vous retrouviez, après les mois tragiques d'août et de septembre, et où c'était le ministre de l'Instruction publique qui vous faisait la première classe, élèves de Bordeaux qui figuriez alors pour lui toute la jeunesse française, à laquelle, en vos modestes personnes, il s'adressait. Puis les classes ont succédé aux classes, comme les combats aux combats ; mais, tandis que la bataille dure encore, l'année scolaire s'achève à la date hâtive, mais réglementaire, que le temps de paix avait fixée. Certaines choses ont été changées à vos habitudes matérielles : vous avez suivi, pour venir au lycée, d'autres chemins, et vous avez rencontré, dans quelques-unes de nos chaires, d'autres visages ; vos habitudes de travail ont pu ne souffrir en rien. Grâce à des bonnes volontés que je ne saurais trop remercier, et dont M. le Proviseur donnera à ses auditeurs de cette après-midi le détail, ce tour de force a été réalisé : un lycée qui, à un moment donné, ne disposait plus d'aucun de ses locaux ordinaires, et dont la moitié des maîtres, ou peu s'en faut, avait quitté la robe pour l'épée, a donné l'enseignement à près de deux mille élèves. Nous n'avons pas été obsédés par le présent, et quel présent pourtant ! au point de négliger l'avenir qui repose sur vous. Les semailles se sont faites partout, dans la terre nourricière comme dans les intelligences dont la patrie attend de glorieux lendemains.

Je n'offenserai ni votre zèle d'écoliers ni le talent de vos maîtres en disant que cependant ceux-ci ont trouvé dans la guerre même une redoutable en même temps que précieuse collaboratrice. L'éducation vous est venue cette année de ces événements extérieurs auxquels d'ordinaire notre sagesse ferme la porte de vos classes, mais dont notre pensée ne pouvait ni ne voulait se détacher, et vers lesquels elle eût ramené délibérément les vôtres, si cela eût été nécessaire, et s'ils ne s'étaient impérieusement dressés devant elles dans leur majesté. Heureuse jeunesse, de quelques deuils et de quelques angoisses que vous soyez les spectateurs, heureuse jeunesse qui grandit dans une atmosphère d'héroïsme et d'épopée, et qui a toujours devant les yeux la claire vision d'une épée nue, comme disait Vigny de la jeunesse qui grandissait avec lui ! Celui qui vous parle vous envie, car il avait votre âge quand une autre guerre, celle qu'on a longtemps appelée « la guerre », apportait à ses jeunes années, et pour les longtemps opprimer, les mêmes tristesses, mais non la même aurore, mais non le même sentiment d'union nationale et de force invincible.

Les premiers rivaux de vos maîtres de cette année, rivaux aimés et qu'ils ne cessèrent eux-mêmes d'évoquer devant vous, furent vos maîtres absents. C'est encore M. le Proviseur qui doit à ses fonctions l'honneur d'avoir

à les faire défiler un à un, devant un auditoire
peu différent de celui-ci, pour qu'ils en recueil-
lent le salut. De ces maîtres, l'un est mort
au champ d'honneur [1]. Ce fut, après tant de
brillantes leçons où la verve le disputait à
la science, la suprême leçon qu'il vous aura
donnée. Cet historien, qui avait déjà écrit
des pages pleines de promesses, en a écrit
une dernière avec son sang ; il est tombé là
où d'autres Bordelais, qui nous étaient chers
aussi, sont tombés, anciens élèves de cette
maison, devenus frères au combat, puis frères
dans la mort. Un autre de vos maîtres est
prisonnier, après avoir été blessé [2]. C'est
un des esprits les plus gais de ce lycée, et
cette gaieté, dans l'adversité, a mué en vaillance. Continuant son métier, il s'est fait,
pour ses compagnons de captivité, professeur
de patience et d'énergie. Un autre encore
court au feu comme à une fête [3] : c'est son
crâne langage ; et, vrai poilu de lettres, il
stimule son courage, qui n'a pas besoin de

1. M. Nési, professeur d'histoire.
2. M. Moussat, dont une lettre est reproduite plus
haut.
3. Voir plus haut les lettres de M. Sarthou.

stimulant, en se chantant à lui-même des vers de Corneille. Il m'écrit, il vous écrit, entre une patrouille et une citation à l'ordre du jour ou une croix de Saint-Georges. Ses lettres sont votre joie, notre joie, notre fierté à tous. Mais quelle concurrence elles font au *De viris* et au *Conciones* ! Et que d'autres qui écrivent moins et qui se battent non pas mieux, mais aussi bien ! Ils sauront un jour peut-être que, n'étant pas celui qui avait à les nommer devant vous, je n'ai pu pourtant m'empêcher de penser à eux.

Et quand les événements que nous vivons n'auraient pas eu près de vous, jeunes élèves, ces truchements familiers, vous en auriez entendu les austères leçons. Il y aura un an dans quelques jours, souvenez-vous : l'attitude du pays en face du danger qui le surprenait, comme un coup de tonnerre éclatant dans un ciel serein, vous a appris quelle force, comme les individus, les peuples peuvent tirer d'une bonne conscience et d'un ferme propos. — C'en est fait, c'est la guerre. Alors les partis disparaissent, et seule la patrie apparaît. Dans le silence impressionnant qui prélude aux grands événements, la mobilisation s'accomplit. Elle s'accomplit avec gravité, avec sûreté. Elle revêt ce caractère de beauté qui est la récompense des besognes bien faites. Elle est une leçon vivante de méthode, et inspire une confiance qui depuis ne s'est pas démentie. — Puis c'est la guerre en gants blancs, et le plumet au shako, la vieille France ressuscitant dans les jeunes générations, afin qu'on vît bien que c'était toute la France, la France de toujours qui battait le rappel de ses anciennes vertus avant d'en faire surgir de nouvelles. Si cher qu'elle ait coûté, saluons cette poésie qui chez l'adversaire ne trouva pas d'écho, et ce rêve obstiné d'ennoblir la guerre. — Vint l'épreuve, comme pour nous grandir, l'épreuve génératrice de ces vertus nouvelles dont nous parlions et qui prouva que lorsqu'on est bien résolu, et que d'avance on a envisagé le pire, on finit par lasser la mauvaise fortune. Elle se lassa. Tout était perdu lorsque tout fut sauvé. Et le miracle français s'accomplit : la retraite se changeant brusquement en offensive, des ordres du jour beaux comme de l'antique, et une victoire belle comme Marathon. Car toutes les victoires ne sont pas égales devant l'histoire, et celle-ci ne fait pas le compte seulement des bataillons engagés et des résultats acquis. Pour qu'une victoire soit belle, il y faut certaines conditions parmi lesquelles surtout est la grandeur de la cause qu'elle a servie. Sur les bords de la Marne fut sauvée la liberté de la France et de l'Europe, sauvée d'une domination brutale et matérielle à laquelle manquait l'excuse même d'un idéal.

Mais rien n'était fini. Alors ce peuple, qu'on disait léger, fit plusieurs vœux qu'il tint : celui de patience, celui de résignation à ne pas tout savoir, de ténacité, de volonté implacable, d'obéissance, de discipline et, par-dessus tout, celui de sacrifice. L'acceptation, le goût même du sacrifice, voilà la révélation de cette guerre. On en est à se demander comment, il y a quelques mois qui paraissent éloignés de nous par des siècles, ceci a paru possible : aimer la vie plus que les raisons de vivre, et mettre en balance l'être éphémère que nous sommes et la patrie qui dure. On ne savait pas..., et c'est quand la patrie a été en danger qu'on s'est aperçu combien on l'aimait, et qu'on a voulu lui rendre au centuple les tendresses qu'on lui avait disputées. S'il y a eu ainsi du repentir dans le patriotisme de quelques-uns, chez tous il a déterminé une ferveur et comme un état de grâce inconnu. Mais le prix du sacrifice dépend de la valeur de la victime. Or, pour les victimes volontaires de l'heure présente jamais la vie n'avait été plus douce, jamais les affections humaines non plus n'avaient été aussi ardentes et aussi promptes à s'inquiéter. Et ce sont ces affections qui ont le courage du silence, ce sont ces gâtés de la vie qui offrent la leur, avec une ivresse bien différente de l'inconscience. On dirait même que plus ce qu'ils offrent a de prix et plus ils éprouvent une âpre joie à l'offrir. Prenez, semblent-ils dire, ceci est ma chair ; prenez, ceci est mon sang offert pour le salut de la patrie. Et si ces paroles augustes sont bien celles que nous croyons entendre, c'est que cette guerre a vraiment un caractère religieux. Elle est religieuse, non seulement parce qu'elle met en présence, en même temps que des armées, des conceptions différentes de la vie, et, comme disent les philosophes contemporains, des tables de valeurs antagonistes; elle est religieuse aussi, de notre côté, par l'enthousiasme qui nous anime et nous soutient. J'emploie le mot au sens propre. Oui, un Dieu est en nous qui a relégué au second plan l'individualité, l'intérêt privé, l'instinct de conservation, toutes choses qui avaient de l'importance en temps de paix. La France, disait récemment un Américain ami, le professeur Baldwin, saigne de tous ses membres, en regardant le ciel.

La guerre, jeunes gens, vous a révélé ainsi une France qui s'ignorait elle-même, et des vertus dont elle ne s'attribuait pas le mérite, auxquelles on l'aidait même à croire que son génie répugnait. Ai-je besoin d'ajouter que nous avons gagné sans perdre, et qu'aucune ne manquerait à l'appel des qualités que nous consentions à nous reconnaître, ni le goût de la prouesse, ni la gaîté dans le péril et le sourired ans la souffrance? Michelet disait que l'éducation devait surtout consister à enseigner la France. La guerre a donc été une grande éducatrice qui vous a enseigné une France plus belle et plus forte que celle que vos pères ont connue. Des Anglais prétendaient récemment qu'un des bienfaits des événements présents était de leur avoir fait découvrir la France. Bien des Français ont fait avec eux et avec vous la même découverte. Et si la vitalité d'un peuple se mesure à sa puissance d'adaptation, à l'évolution sans cesse créatrice qui se révèle en lui, quel présage ne comporte pas pour notre pays ce soudain renouvellement de ses énergies, et cet enrichissement d'un être historique dont le temps semblait avoir fixé les traits !

De notre côté, nous, les pères et les maîtres, nous avons fait une découverte qui nous a emplis de joie, celle de nos fils, celle de la jeunesse qui nous était confiée. Chaque génération a une tendance à poursuivre sa propre ressemblance dans celle qui lui succède, alors que le plus souvent elles diffèrent l'une de l'autre, en vertu d'une loi de réaction inhérente à la nature humaine. Nos fils et nos élèves nous étonnaient depuis quelque temps : une confiance renaissante dans la vie, un goût de l'activité physique sacrifiée par nous au labeur de la pensée pure, un amour de l'action pour l'action, une recherche, qui effrayait notre prudence, du risque à courir ; comme rançon de ces nouveautés, un moindre besoin de comprendre peut-être et de dériver l'action même de ses raisons les plus hautes ; mais un esprit de discipline, entendu au moins comme sens de l'action collective, une résignation à l'anonymat qui eût coûté à vos prédécesseurs, enfin la divination de ce que ce mot : « servir » enferme de solutions à des problèmes autrement insolubles. Maintenant nous comprenons : un souffle d'avenir passait sur eux. L'un de ces jeunes gens, fils d'un homme politique de ce pays, écrivait à ses parents, il y a quelques semaines : « Je ne vous reverrai probablement plus, mais je me réjouis de la date de ma naissance qui me permet de mourir pour la France en 1915. »

Vous qui m'écoutez, ne regrettez pas trop d'être nés quelques années plus tard, et de ne pouvoir écrire la même lettre. Vous avez, je le sais, la hâte de servir ; service obligatoire est un mot qui, avec vous, a perdu son sens, car vous réclamez comme une faveur ce qui était proposé comme un devoir. « Bon pour le service » est un titre envié, et vous sollicitez souvent pour qu'il vous soit décerné avant l'âge. Voici un conseil qui vous paraîtra bon tout au plus pour un temps de paix, qu'il faut cependant que vous entendiez, comme tous vos camarades de France, en ce même moment, en attendant l'heure, que vous ne ferez pas venir plus vite en tournant les aiguilles : il y a une autre façon de servir qui est tout simplement d'être de bons écoliers. Soit, nous vous mobilisons, mais dans vos classes, et puisse l'image de la patrie, qui réclame pour demain des jeunes hommes instruits, grandir à vos yeux et comme militariser vos humbles obligations scolaires ! Ainsi le devoir militaire aura mis son accent sur tous les devoirs humains. Dans quelques années, d'autres devoirs viendront à vous, et pardonnez-moi d'espérer qu'ils différeront de ceux que remplissent, avec un héroïsme qui vous fascine, ceux qui vous ont devancés. Ils n'en seront pas moins nombreux, difficiles, nécessaires. Et le devoir, en particulier ce devoir militaire vers lequel vos volontés se tendent, a pour essence d'être celui qu'on ne choisit pas, mais qu'on accepte. Quel que soit votre devoir, vous le remplirez dans cet esprit.

M. le ministre a demandé que cette séance comportât pour vous une dernière leçon.

Ne cherchez pas cette leçon dans ce que vous avez entendu avec le plus de déplaisir. Ni le ministre ni moi n'avions prévu la surprise que la complicité de M. le médecin-chef de l'hôpital temporaire 19 — un ami qui a su rester tel en nous dépouillant — et de M. le proviseur du lycée nous a ménagée. Un chœur de blessés remplace ici la musique militaire traditionnelle. Un chœur de blessés, quelle leçon, la vraie leçon d'aujourd'hui, dans ces seuls mots ! J'ai vu ailleurs chanter pour les blessés, j'ai vu qu'on ne trouvait rien d'assez beau pour payer leur sang et adoucir leur peine. Mais ici c'est eux qui chantent pour notre jeunesse, afin que d'eux vienne le réconfort. C'est du front, cette année, que rayonne le plus souvent la force d'âme, comme si le sang généreux répandu refluait sur nous et ranimait nos veines. Et ce sont ceux qui reviennent du front meurtris qui font résonner aujourd'hui à nos oreilles l'allégresse et l'espérance. La seule apparence de fête à laquelle nous ayons consenti aujourd'hui, c'est d'eux qu'elle sera venue. Que cela est bien français ! Au siège d'Arras, car on assiégeait déjà Arras, les cadets de Gascogne n'ont pas peur, mais ils ont faim. D'un geste, Cyrano appelle le fifre Bertrandou :

> Écoutez... c'est le val, la lande, la forêt,
> Le petit pâtre brun sous son rouge béret,
> C'est la verte douceur des soirs sur la Dordogne ;
> Écoutez, les Gascons : c'est toute la Gascogne.

Et moi, je vous dirai : chantez, blessés, et vous, les petits Français, écoutez bien, car ce chant des blessés, c'est toute la France !

Et des poitrines émues de nos enfants, il me semble entendre sortir cette réponse qu'ils ont apprise des Spartiates : « Nous sommes ce que vous fûtes, nous serons ce que vous êtes » ; expression simple et concise de la solidarité des générations et de la continuité de la patrie, promesse de semblable vaillance, foi dans un avenir au moins égal au présent. C'est vers cet avenir que je veux vous laisser les yeux tournés. France de demain tout à la fois pareille, car nous voulons que tous te reconnaissent, et différente, car l'épreuve t'aura ennoblie, en même temps que tes destins seront agrandis ; c'est à cause de toi que tant de deuils sont portés, c'est à toi que ces jeunes hommes, dont la mort n'a pas voulu, apportent l'offrande de leurs hymnes après celle de leur sang, c'est pour toi aussi que d'autres grandissent frémissants et redoutant presque une victoire remportée sans eux. Et pour que notre tâche à nous s'achève dans la joie, il nous suffira que sur la fin de nos jours rayonne ton image rassérénée, aimée et respectée de tous ceux dont tu auras été la libératrice, symbole pour le monde de la justice et de la liberté, grâce à toi invaincues. Vive cette France triomphante de demain, Messieurs, vive la France militante d'aujourd'hui, vive la France éternelle !

II. — LYCÉE DE JEUNES FILLES D'AGEN, DISCOURS DE LA DIRECTRICE

Presque tous les discours prononcés, en cette année 1915, par les chefs d'établissements eux-mêmes, selon les instructions ministérielles, sont profondément émouvants. Forcé de nous borner, nous avons choisi celui d'une femme, Mme la Directrice du lycée de jeunes filles d'Agen.

Mes chères enfants,

Il y a bientôt un an, au moment de la rentrée d'octobre, M. le ministre de l'Instruction publique a voulu que dans toutes les écoles du territoire, la première parole du maître aux élèves fût une élévation des cœurs vers la patrie ; et partout, en effet, à la même heure, et jusque dans le moindre village, les enfants de France ont salué l'héroïsme de ceux qui versaient leur sang pour eux.

La même pensée a inspiré le caractère de la cérémonie qui nous réunit aujourd'hui. On a voulu que le discours traditionnel qui accompagne la distribution des prix ne fût pas un discours, mais la dernière classe de l'année ; une classe où proviseurs et directrices ont été invités à faire l'histoire de leur propre maison pendant les mois exceptionnels qui viennent de s'écouler : histoire des moyens de fortune par lesquels il a été suppléé à l'absence des moyens ordinaires ; histoire des œuvres que chaque établissement d'enseignement a eu à cœur de créer ou de seconder en vue d'apporter son humble contribution à la grande œuvre que la France accomplit en ce moment.

Dans sa première partie, l'exposé qu'on me demande va être court et simple. Il ne ressemblera en rien à ceux que pourront faire aujourd'hui quelques-unes de mes collègues de Nancy, d'Amiens, de Lille, de Saint-Dié, de bien d'autres villes du Nord et de l'Est, où le canon a fréquemment couvert la cloche des colléges et où l'horaire des leçons a été quelque peu troublé par l'impérieuse obligation de descendre dans les caves ou de fuir à l'aventure devant l'invasion inattendue....

Si votre vie scolaire a été, malgré les circonstances, unie et régulière, vous l'avez vivifiée par vos œuvres, et s'il est vrai que toute souffrance évitée est une dette contractée envers l'humanité, vous avez, par tous les moyens en votre pouvoir, essayé d'acquitter cette dette.

(Suit un exposé de toutes les œuvres de guerre du lycée de jeunes filles d'Agen.)

Je me suis étendue complaisamment, un peu en pharisien, sur l'énumération de vos bonnes actions, oubliant la recommandation expresse de l'Évangile : « Que ta main droite ignore ce que fait ta main gauche. ».....

Ma liste est close. D'autres ont fait plus et mieux. Il est, en effet, une forme de la charité, la plus vivante, la plus attrayante, la plus féconde en joies intimes, à laquelle vous n'avez pas été conviées. C'est le soin des blessés. Il vous a été interdit à la fois par votre âge et vos occupations. Ce n'est pas que la vocation ait manqué, la vocation est universelle. Soigner, panser, guérir, conserver, tel est le rôle de la femme en temps de paix. Comment y manquerait-elle dans la grande effusion de sang qui inonde la France aujourd'hui?...

Les reines de l'Europe ont toutes endossé la livrée de la charité ; et la besogne d'humilité qui consiste à laver les pieds de nos combattants a pris tout à coup une noblesse incomparable....

(Suit le rappel de plusieurs exemples célèbres d'héroïsme féminin: Mlle Fouriaux, Mme Macherez, sœur Julie.)

Décorées de la croix de guerre, citées à l'ordre du jour des régiments, ces femmes héroïques dont le nom passera à l'histoire ont, en quelque manière, participé à la gloire en même temps qu'au péril des combattants.

Plus obscurément, dans l'anonyme, sans le soutien de la renommée aux cent bouches, ont manœuvré les héroïnes « des champs » tout court, les villageoises, à qui le ministre a dit : « Je vous demande de terminer la récolte de l'année, de préparer celle de l'année prochaine, d'ensemencer et de moissonner ; non pour vous, mais pour la patrie à qui on ne peut rendre un plus grand service. »

Et, à cet appel, les femmes de ceux qui étaient partis se sont répandues dans la solitude des campagnes et, tout en pleurant leurs fils, elles ont arrosé les sillons où lèvent aujourd'hui le pain et le vin qui doivent refaire du sang à la France....

La voilà donc, la famille française, tout entière mobilisée pour sa vie : les pères et les fils au front, les femmes attelées à toutes les besognes de salut ; et les enfants, chers petits, n'ont-ils pas, eux aussi, une place dans ce tableau d'honneur écrit avec du sang?

L'armée enfantine n'a pas attendu sa maturité pour sentir la gravité de l'heure actuelle. Elle a, elle aussi, son échelle des mérites.

En bas, la petite fille aux doigts gourds, qui, en tricotant péniblement sa première chaussette, a eu le ferme désir de sauver la France.

A côté, l'écolier gourmand, qui a fait le sacrifice de son goûter pour enrichir le paquet du soldat. Un peu plus haut, le jeune Parisien de douze ans qui, ayant gagné dans son école un livret de caisse d'épargne de cinquante francs, décide de payer les contributions de la famille et, ne sachant que faire du résidu, l'envoie bravement au Président de la République, avec cette simple mention : « Pour la patrie ».

Un peu plus haut encore, le petit vagabond, graine de vaurien, que le canon a illuminé en lui révélant sa voie, qui s'est sauvé de la maison paternelle pour faire la grande école buissonnière à la remorque d'un régiment d'infanterie.... Ne l'imitez pas, jeunes écoliers, ici présents ; il n'entre pas dans mes attributions de prêcher les vertus anarchiques. Admirez et saluez cependant, au passage, ces vagabonds héroïques qui ont conquis de haute lutte leur absolution.

A la même famille appartiennent, sans doute, le petit martyr Émile Desprez, dont il serait trop long de relater l'histoire ; et la petite Marie, du fort de Troyon, qui, certain jour, à l'aube, de la porte de son auberge, guettant ses amis, les pioupious français qui viennent déguster à cette heure la goutte matinale, aperçoit au loin, à l'opposé du fort, quelque chose qui l'inquiète.

« Maman, viens voir ! ce sont des hommes que je ne connais pas. »

Et, ces hommes une fois reconnus, la brave petite laisse sa mère les attendre seule, quitte la maison par une porte de derrière et prend le galop pour aller au fort sonner l'alarme et éviter la surprise fatale....

Il y a ici, dans cette assistance, beaucoup de petites filles capables d'être aussi braves que celle du fort de Troyon.

L'enfance est le véritable terrain de l'héroïsme.

S'il ne produit que des fruits rares et clairsemés, c'est la matière, l'occasion qui vous manquent, chers petits, que nous préservons de tous les maux, que nous n'exposons sur aucun des champs de bataille de la vie, où vous vous jetteriez tête baissée, sans souci du danger.

La graine de l'héroïsme, elle est en vous, et celui-ci ne fleurit et n'éclate en l'homme que dans la mesure où l'homme est resté plus enfant, c'est-à-dire plus enthousiaste, plus détaché des vaines prudences, plus indifférent aux réalités, plus amoureux de l'idéal, plus près de l'absolu.

Belle jeunesse ici présente, vous nagez dans l'absolu et vous valez par là mieux que nous, qui imposons tous les jours à notre idéal des sacrifices.

Toutes les belles causes, mes enfants, vous les faites vôtres, d'instinct ; et vous êtes des justiciers de premier ordre.

Telle est la conviction dernière que me laissent vingt-cinq ans de votre aimable fréquentation.

Nous voici, mes enfants, au douzième mois de la guerre ; d'une guerre que chacun prévoyait inévitable, sanglante, décisive, mais courte.

L'hiver, tant redouté, est passé ; le printemps est revenu, porteur d'espoirs sans limites ; l'été a suivi, et le même soleil se lève et se couche sur le même champ de bataille. Rien n'a bougé, ou peu s'en faut ; et il semble que, devant ce fléau qui s'éternise, notre zèle ne puisse plus s'employer. Et voici cependant que commence la tâche pénible entre toutes, d'autant plus pénible qu'elle est négative et qu'elle s'abat sur nous avec une lourdeur que nous ne connaissions point aux autres.

Quelle est-elle, cette tâche et en quoi consiste le devoir présent ?

A attendre. Attendre !... Est-ce donc si difficile ? Cela ne semble rien, en vérité. Non, cela n'est rien pour moi, pour vous à qui la guerre n'a rien pris, dont la vie n'a pas été changée, dont le bien-être n'a pas été effleuré, dont le cœur n'a souffert que du mal de tous.

Et c'est chose terrible pour vous, mères, qui, depuis un an bientôt, vivez, suspendues à la lettre, à la carte brève, après laquelle vous avez tout juste le droit de dire : « A telle heure, tel jour, mon fils était vivant ; aujourd'hui, à cette heure, j'ignore ! Il souffre sans doute, il a chaud, il a soif, il est blessé, malade, il expire peut-être en m'appelant

dans quelque coin perdu où les secours arrive-
ront trop tard, où ils sont impossibles, où
ils sont déjà inutiles ».

Ne souhaitez pas la fin néanmoins, mères
justement lasses de pleurer et d'attendre,
puisqu'il faut à tout prix que cela dure et que
cela ne finisse que bien, dussions-nous laisser
dans l'horrible tourmente, vous votre cœur ,
nous nos biens, tous ce que nous possédons,
sans réserves et sans limites.

C'est notre patience à tous qui est soumise
à une incomparable épreuve ; épreuve si peu
faite pour nos ardeurs que l'ennemi compte
bien nous vaincre par la lassitude. Mais cette
lassitude, elle ne viendra pas. Nous ne serons
pas celui qui dira : Assez ! Le quart d'heure
de plus qui déclenche la victoire, c'est nous
qui le fournirons.

Et c'est à vous, jeunes filles, à vous, petits
enfants, qu'incombe la tâche mélancolique
d'entretenir le sourire et la confiance sur le
visage de vos mères angoissées ; à vous de
faire naître la paix et la résignation dans le
cœur de celles qui portent déjà le deuil et
pour qui le sacrifice est consommé.

Il y en a dans cette assistance, il y en aura

un plus grand nombre quand le texte du traité circulera encadré de listes funèbres.

Que notre fraternelle pitié et notre infinie reconnaissance aillent à toutes ces âmes blessées et soient un baume à leur douleur!

Quant à ceux qui sont partis, ne les plaignons point. Ils sont entrés dans la postérité avant l'âge, ayant vécu en quelques jours plus que d'autres en cent ans....

A vous, génération qui monte, de recueillir pieusement les souvenirs sanglants et magnifiques de la grande épopée, de les faire fructifier dans le cœur de ceux qui viendront après nous, d'entretenir au foyer le culte sacré des martyrs à qui vous devez de vivre.

Plus tard, dans les fêtes de famille, à la table que vous serez chargées de parer et où une place sera toujours vide, à l'heure du toast intime et joyeux, la voix la plus jeune et la plus pure s'élèvera pour répondre triomphalement à l'évocation de l'absent glorieux : « Mort au champ d'honneur ! »

J'ose parler de fête ; il y en aura encore malgré l'obscurité de l'heure présente ; la nature n'a pas attendu la paix pour revêtir sa robe nouvelle après les hécatombes de l'hiver, les prés ont reverdi sur les cadavres, les fleurs se sont aventurées sur les ruines ; ainsi la joie refleurira dans les cœurs.

Anticipons sur l'avenir, précipitons les événements. Cette victoire, certaine mais indécise encore, dont la grande ombre se profile à l'horizon, supposons-la réalisée ; supposons conclu le laborieux traité qui remettra toutes choses à leurs places, réfrénant pour un temps la voracité de ces gros mangeurs qui ne tendaient à rien moins qu'à absorber le monde.

N'y aura-t-il plus qu'à bénir le ciel d'avoir échappé à un danger effroyable et s'abandonner à l'intense joie de vivre qui suit les cataclysmes et les grandes maladies? — Il serait puéril de le croire ; une victoire si chèrement achetée ne fera que déblayer le terrain sur lequel doit se bâtir l'avenir. Les lendemains de la guerre fourniront un immense chantier dans lequel ce ne sera pas trop de toutes nos mains, de tous nos cœurs pour relever les choses abattues, conserver et faire valoir les biens acquis, soulager toutes les misères, rendre à notre sol purifié de l'immonde présence l'aimable figure qui le rendait si désirable à nos ennemis.

Et la lutte elle-même ne s'arrêtera pas ; le canon ayant dit son dernier mot, et l'effusion du sang ayant cessé, le combat devra continuer sous de multiples formes, si nous ne voulons pas que la bête de proie que nous aurons forcée à lâcher prise ne continue sourdement son œuvre homicide sur le terrain économique, intellectuel et moral.

Nous savons aujourd'hui ce que fut l'avant-guerre : une préparation insidieuse, méthodique et redoutable de l'invasion. Il y aura aussi, il faut qu'il y ait l'après-guerre, dont nous serons cette fois les acteurs persévérants.

Les mesures de salut public qu'il a fallu édicter au moment des hostilités contre un ennemi répandu partout, telle une plaie d'Égypte, sur le sol et le sous-sol français, présent quoique invisible dans toutes les catastrophes mystérieuses, dans nos divisions néfastes, dans nos crises intérieures, ces mesures, dis-je, il faudra les maintenir avec la dernière énergie.

Chacun de nous devra s'ériger en gardien

du sol et pourchasser, à l'égal d'un malfaiteur, le commis voyageur hybride que nous avons trop vu, dont la politesse cauteleuse n'avait d'égale que la noirceur de ses intentions.

Femmes de France, vous êtes les intendantes et les économes de la famille ; tous les achats passent par vos mains ; liguez-vous pour qu'il n'entre dans vos maisons que des produits pourvus d'un honnête certificat d'origine. Et vous, jeunes écolières, ceci aussi vous intéresse ; car, dans sa sollicitude, l'Allemagne s'est tout spécialement occupée de vous, en inondant la France d'une multitude de menus objets dont vous êtes les principaux destinataires....

Mais rien n'égale leur succès retentissant dans la fabrication et la vente du jouet. Ne citons[1] que pour mémoire les innocentes bergeries fabriquées en Saxe, les doux animaux de peluche qui crient sous la pression du doigt, les soldats de plomb, joie de vos petits frères, venus par millions de Nuremberg en armée d'avant-garde, galamment escortés d'une armée tout aussi nombreuse

1. Résumé d'une étude de M. le vicomte d'Avenel.

de poupées à la taille épaisse et aux joues rutilantes.

Elle vaut d'être contée, cette histoire de la poupée allemande.... C'est cette poupée, objet de vos prédilections, que vous avez baptisée « la mignonnette ». Je dénonce la mignonnette envahissante et effrontée à toutes les petites filles ici présentes. Et je ne serais pas étonnée si, d'ici ce soir, plus d'une s'en allait expier, au grenier, une popularité imméritée et des tendresses usurpées.

A l'avenir, mes enfants, je vous invite à ne recevoir au sein de votre famille d'adoption que des bébés munis d'un extrait de naissance dûment légalisé.

D'ailleurs, en ce moment, il ne circule plus de mignonnettes ; ces dames sont allées, avec les animaux bêlants, rejoindre, dans des camps de concentration inconnus, leurs dangereux compatriotes de chair et d'os....

Guerre au commerce allemand, guerre au militarisme prussien, guerre même à la pensée allemande, hostile à la clarté de la nôtre qu'elle ne peut qu'enténébrer, retour aux belles études classiques qui, depuis quelques années, venaient so réfugier chez vous, mesdemoiselles, pour y chercher l'asile que ne leur offrait plus assez largement l'enseignement masculin, retour au vieux Corneille dans lequel nos pères puisaient le goût des folies héroïques dont nous avons encore besoin, mise au point de MM. Schopenhauer, Nietzsche et Wagner, lesquels ne sont point de notre famille ; guerre aux agents dissolvants du sentiment national, qui, bien que vivant, était endormi au fond de nos cœurs insoucieux, et a failli se laisser surprendre, sinistrement réveillé par le canon de l'ennemi, tel est, en partie, le programme de demain.

Quelle sera votre part dans la réalisation de ce programme et quels retentissements la tourmente actuelle pourra-t-elle avoir sur votre propre destinée?

Il a été dit, et non sans vraisemblance, que vous seriez, jeunes filles, les grandes sacrifiées de cette guerre, que votre établissement, déjà si difficile, le deviendrait encore davantage, et que la crise de la famille, loin de disparaître, ne ferait que s'aggraver.

A ce mal nouveau, il y aura sans doute des remèdes.

Si le mariage devient plus rare, il sera, je crois, meilleur. La lutte des sexes perdra pour un temps de son acuité ; les femmes sentiront si vivement le prix de ce que les hommes viennent de faire à leur place, et pour elles, qu'elles envisageront avec plus d'indifférence les petites cruautés du code.

Et les hommes qui auront passé une année de leur vie au contact permanent de la mort, ayant par avance fait en leur cœur le suprême sacrifice, ne pourront pas être des hommes tout à fait vulgaires. S'ils ne sont pas tous des héros, tous, plus ou moins, seront différents de ce qu'ils étaient au départ : purifiés, ennoblis, enrichis d'une qualité d'âme qui pourra racheter les membres perdus et les visages ravagés.

Les glorieux mutilés qui se sentent déjà comme retranchés de l'humanité, recevront, quelque jour, le dédommagement inattendu, la décoration souveraine, et elle leur sera octroyée par celles d'entre vous, âmes généreuses, qui choisiront la voie étroite de l'absolu dévouement pour y édifier leur foyer.

Quant à celles que la crise prévue du mariage obligera à marcher seules dans la vie, elles ne laisseront pas leur cœur se flétrir dans une attente languissante et stérile, elles se mettront résolument aux tâches multiples qui surgiront de toutes parts ; elles élargiront leur vie de la vie de tous en y faisant entrer tout ce qui aura besoin d'être aimé.

Aux orphelins de la guerre, il faudra des mères, et les maternités d'emprunt ne sont ni ingrates ni décevantes ; le sourire et la tendresse des enfants d'autrui peuvent suffire à remplir une existence et à faire oublier le bonheur.

Mères par le sang ou mères par le cœur, toutes mères de la patrie future, vous aurez à dire à vos fils comment il faut l'aimer, cette patrie. De cet amour, nos ennemis nous offrent un modèle ; mais vous ne le choisirez point ; ils aiment leur patrie furieusement, d'un amour féroce, voulant pour elle tous les biens de la terre avec l'espoir, bien entendu, de s'en engraisser eux-mêmes. Cet amour grossier et exclusif se retourne contre son objet et l'étouffe. Ce sera pour l'avoir mal aimée, cette patrie artificielle, née d'hier, sans tradition et sans racines, qu'ils assisteront bientôt, j'espère, à sa ruine.

Vous aimerez la vôtre et vous tâcherez que vos fils l'aiment d'une autre manière. Vous ne mobiliserez pas, pour la servir, la fraude, le mensonge et l'espionnage.

Vous ne mettrez pas pour sa grandeur « le mal en théorèmes », mais vous tendrez vers elle et pour elle toutes les forces de l'idéal.

Vous voudrez être ce que nous avons été depuis le premier jour de notre histoire, le peuple qui court, comme Don Quichotte, à l'assaut de tout ce qui est laid, au secours de tout ce qui est beau, le peuple qui, ayant mis le sentiment et l'élégance dans sa politique, a fait, dit-on, les affaires des autres mieux que les siennes propres, le peuple fou qui a voulu « accomplir les gestes de Dieu » et, ce faisant, s'est penché si fort au bord des précipices qu'il a maintes fois failli disparaître.

Mais l'idéal, qui conduit aux abîmes, sauve tôt ou tard ceux qui l'ont embrassé. En ce monde éphémère où tout passe, la fumée est aussi sûre que le granit.

Et il se trouve que la France a eu raison, puisque aujourd'hui, au bord de ce précipice, qu'elle mesure encore, le monde entier est accouru et veut qu'elle vive, pensant avec M. Lavisse que « si son drapeau s'affaissait, on verrait s'allonger sur la terre l'ombre des carnassiers héraldiques ».

Rejetant, comme modèle, le patriotisme germain dont les effets nous sont cependant si cruels, vous placerez le vôtre sous l'égide de notre chère sainte nationale, la douce bergère lorrraine qui, touchée il y a cinq cents ans par la grande pitié qui régnait au royaume de France, trouva, dans son cœur inspiré, la science des stratéges, l'audace des grands capitaines, la foi des martyrs. Les voix, les chères voix qui la menaient à la mort tout en lui disant qu'elle serait délivrée à grande victoire, ces voix se font entendre à nouveau. Elles annoncent l'apothéose, longtemps attendue, celle que mon maître et ami, M. Joseph Fabre, a prêchée inlassablement toute sa vie et aura bientôt la joie de voir réalisée.

Demain l'humble bergère aura sa fête en laquelle nous communierons tous ; et la silhouette de l'enfant héroïque qui « de sa vie n'occit personne » se dressera d'un bout à l'autre de la France, sur les places de nos villages, tournée vers la frontière, face à M. Krupp, patron de la Germanie.

Mais que personne ne s'y trompe ; cette aimable figure qui nous dit : «Chacun sa terre et paix à tous », a su dire aussi : « Dehors, intrus, ou vous mourrez ! »

Et son drapeau pourra nous conduire encore sur les champs de bataille. Le monde va bien essayer de s'organiser pour la paix, et ses efforts seront méritoires ; mais nous ne verrons pas, et vous-mêmes, jeunes enfants, vous ne verrez pas prendre corps ce rêve magnifique : l'humanité fondue en une nation unique dont tous les intérêts seraient confondus et qui n'aurait plus à lutter que contre les forces mauvaises de la nature.

Aussi, restons armés, puisqu'il le faut ; élevons des autels à la paix, mais que derrière ces autels il y ait des canons, et en nombre, de peur que tous les habitants de la planète ne partagent pas notre mansuétude.

Soyons forts, puisque le juste, qu'il soit individu ou nation, ne peut vivre que s'il inspire la crainte. Et, puisque la cuirasse de l'homme, dit Ruskin, « n'est bien bouclée que lorsqu'elle l'est par une main de femme », bouclez solidement la cuirasse de vos fils afin que personne n'ait plus jamais cette croyance : que, pour violer notre frontière, il suffit de le vouloir, afin que plus jamais des peuples qui nous sont inférieurs par le génie, par le goût, par la grâce, par les gloires du passé, ne manifestent l'intention insolente de nous faire disparaître ou de nous traîner à leur remorque, nous qui avons été le flambeau et l'avant-garde de l'humanité.

Je termine. Un de nos collègues, M. Bonnefoy, professeur d'histoire au lycée Bernard-Palissy, finissait, il y a deux ans, un admirable et prophétique discours de distribution des prix par ces paroles, vibrantes comme une cloche d'alarme : « Jeunes gens, souvenez-vous ! »

Après lui, et avec plus de raison encore, je puis dire aussi aujourd'hui : « Jeunes filles, souvenez-vous ! »

V

L'IDÉE DE SACRIFICE

Ce sujet fut proposé pour la dissertation de morale; au concours d'entrée à l'école de Fontenay, que j'avais l'honneur de présider en 1915. On verra par ces extraits (le texte des copies a été scrupuleusement respecté, les titres seuls ont été ajoutés), quels sont les pensées et les sentiments que le seul mot de sacrifice éveillait, en 1915, chez de jeunes Françaises, de vingt ans environ, élèves de nos écoles normales primaires.

LE SENS DU MOT « SACRIFICE »

Il est, dans la vie des nations, comme dans celle des individus, des heures solennelles où se révèle avec force la grande idée du sacrifice;

c'est alors qu'elle apparaît vraiment dans ce qu'elle a de sublime, et que nous comprenons la valeur inestimable que lui confèrent les pensées et les sentiments qu'elle implique et ceux qu'elle éveille en nous. L'on est souvent trop enclin à donner le nom de « sacrifice » à des actes qui nous coûtent un effort, mais n'ont rien d'héroïque ; ce mot, il ne faut pas le prodiguer, car il représente peut-être ce que l'âme humaine peut offrir de plus beau ; se sacrifier, c'est renoncer volontairement, et avec une joie grave, à ce que l'on a de plus précieux pour quelque chose que l'on juge être supérieur à ce que l'on cède ; on sacrifie sa vie, on sacrifie son honneur pour des êtres aimés, pour un devoir à accomplir, pour une idée que l'on croit belle, pour la patrie enfin, et c'est ce sacrifice qu'il nous est donné d'admirer chaque jour.

Le mot de « sacrifice » est d'origine religieuse ; autrefois le sacrifice était essentiellement une offrande à la divinité pour calmer son courroux ou attirer sa bienveillance ; cette offrande devait être d'un grand prix, et c'est pourquoi, sur leurs autels, les anciens immolaient les plus pures victimes. Le sacrifice a toujours gardé ce caractère en quelque sorte religieux qui présida à sa naissance....

LE SACRIFICE ET LE SENTIMENT DE L'ABSOLU

Dans le sacrifice, on se sacrifie à quelque chose qui dépasse soi-même, que l'on sent plus grand que soi et qui s'impose. C'est dans le sacrifice que l'on peut avoir le sentiment de l'absolu. Les soldats qui meurent pour la France se dévouent pour que vive la patrie, cet être idéal dans l'âme duquel s'incarnent leurs meilleures aspirations collectives, être immortel qui vivait avant eux et vivra encore après eux. Ils meurent et n'attendent donc point de bonheur de la patrie. Ainsi, dans tout sacrifice, on s'attache à un bien absolu que l'on met au-dessus de tous les autres et que l'on aime pour lui, non pour soi, car on n'en espère aucune joie. C'est là ce qui fait la beauté et la grandeur du sacrifice....

L'OBLIGATION DU SACRIFICE

Nos frères, nos pères se battent et meurent pour nous, pour la France, et l'insouciante génération actuelle s'est tout à coup révélée sérieuse, capable de sacrifices inattendus, immenses ; l'héroïsme fleurit naturellement sur le sol de France, et jamais mieux qu'à présent nous n'avons pu réfléchir avec autant d'angoisse, mais avec plus de profit, sur l'idée de sacrifice....

Le sacrifice du héros est dicté par d'autres sentiments encore, conscients ou inconscients, véritables forces morales : c'est l'orgueil légitime, le sentiment du devoir, l'honneur. Sortir d'une tranchée pour aller de l'avant n'est pas chose facile, le risque est grand, la minute angoissante. N'est-ce pas quelquefois l'orgueil de leur race, le désir de ne pas démériter qui entraîne nos soldats résolus, derrière leur officier qui s'élance? Oui, le saint orgueil de la patrie les a fait se dresser soudain. L'honneur ne dicta-t-il pas au roi Albert et à la nation belge ce sacrifice sans bornes le jour où, répondant aux propositions allemandes par un refus catégorique, le roi sacrifiait son peuple, son sol? Et enfin, n'est-ce pas l'obscur sentiment du devoir, du droit, qui fait dire à quelques-uns : « Je ne sais ce qui m'a pris, il fallait bien le faire. » Il le « fallait » ; tous ont ce sentiment impérieux qu'ils se doivent, qu'ils se doivent sans compter, que leur vie n'est rien auprès de ce grand combat, de ce grand idéal pour lequel ils meurent....

Enfin, le héros qui se sacrifie ainsi, sans comprendre toujours exactement ce qu'on attend de lui, mais qui le sent néanmoins, a aussi l'impression qu'au moment même où il se sacrifie, il est maître de l'univers, et change quelque chose à ses destinées, et le besoin d'infini qui est en l'homme trouve là satisfaction. Des joies d'un autre ordre, une joie morale d'une valeur incomparable accompagnent ce libre et joyeux don de soi....

SACRIFICES FÉMININS

Combien de femmes ont fait et feront le sacrifice de leur bonheur pour payer leur dette sacrée à la patrie ! Pourtant mon bonheur est moi, j'y suis attachée par toutes mes fibres ; il fut légitime autrefois, aujourd'hui le salut de la patrie seul doit compter. Ce bonheur qui fut autrefois ce par quoi je vivais, ce pour quoi je vivais, ne doit plus être une vraie raison de vivre. Ma vraie raison de vivre, je la découvre dans l'attachement profond, sacré, que j'ai pour la France. Je renonce à ce que j'attendais de la vie ; je vivrai sans cela, peut-être mieux. Combien d'heures amères trouverai-je, combien de défaillances sont là à me guetter ? qu'importe, si mon attachement à mon nouvel idéal est assez fort pour me soutenir ?...

SACRIFICES OBSCURS

Mais les sacrifices éclatants ne doivent pas seuls absorber notre pensée. Il n'y a pas que de l'extraordinaire dans la vie. Il ne faut pas oublier les sacrifices obscurs, les plus durs peut-être à accomplir. Dans le sacrifice de la vie, une exaltation sublime, un élan soudain poussent l'être entier. Mais mourir ainsi est parfois moins pénible que de vivre de longues années sans le bonheur que l'on a sacrifié. Nous connaissons des vies admirables, toutes consacrées aux autres ou au devoir, qui sont faites de sacrifices journellement répétés. Il faut, peut-être, plus d'énergie pour soutenir ces sacrifices continus qu'il n'en faut pour accomplir un sacrifice soudain alors qu'on est soutenu par l'exaltation de toute son âme.

Ce sont plutôt ces sacrifices obscurs qui se présentent le plus ; mais ils restent bien souvent ignorés. Nous ne devons pas trop nous attendre à l'extraordinaire ; mais il faut préparer notre âme aux sacrifices qui peuvent bien être demandés. Les belles actions, les sacrifices devant lesquels on s'incline sont le résultat de la vie morale antérieure. L'idée d'un sacrifice à accomplir ne se révèle pas, dit Mæterlinck, *à celui qui n'est pas un héros silencieux depuis de longues années....*

LES LEÇONS DU SACRIFICE

Ainsi la contemplation du sacrifice nous donne une véritable horreur de l'égoïsme. Elle nous fait honte du nôtre. Elle nous montre son erreur. La vue du sacrifice fait jaillir de notre âme ce qu'elle contient de plus élevé. Comme tout ce qui est vraiment beau et supérieur, le sacrifice a le pouvoir de nous attirer à lui, d'entraîner à la fois toutes nos facultés vers un bien supérieur, vers le beau, vers la grandeur morale. Il nous fait sentir que le bonheur est dans une unité intérieure qui ne peut se réaliser sans l'anéantissement de ce qu'il y a en nous d'égoïste et de bas. Il nous fait comprendre que la sérénité ne s'acquiert jamais sans renoncement, sans lutte, sans souffrance. Et la lutte est souvent longue. Mais la beauté morale du sacrifice éveille en nous le désir de lutter et de souffrir pour conquérir le calme, pour atteindre l'ordre et l'harmonie. Il nous montre que rien n'est grand sans la souffrance, que la peine est un des grands secrets de la nature, qu'elle est nécessaire pour élever l'homme jusqu'aux plus hauts sommets....

SACRIFICE ET OPTIMISME

C'est parce que les hommes pensent que ce qui a de la valeur, c'est ce qui demeure, ce qui s'ajoute à l'expérience accumulée de l'humanité tout entière, qu'ils ont conçu l'idée du sacrifice de l'individu comme un devoir. Le savant qui meurt de ses découvertes, le soldat qui se sacrifie pour préserver de la destruction le génie de sa race, sont de magnifiques exemples de ce dévouement si désintéressé à une chose plus grande et plus belle que leur valeur individuelle.

Le sacrifice repose donc sur une idée très optimiste ; si l'homme donne sa vie pour l'humanité ou pour son pays, c'est qu'il a foi dans le progrès ; c'est qu'il croit au triomphe certain, dans un avenir plus ou moins proche, des grandes pensées pour lesquelles il meurt. L'idée que la réalité, ou du moins une partie de la réalité se modifie, et que ce mouvement n'est pas un mouvement en cercle, ni un piétinement sur place, mais une marche en avant vers des fins toujours meilleures et plus nombreuses, voilà ce qui donne au sacrifice ce caractère si beau d'une acceptation immédiate, entière et confiante. C'est parce qu'ils croient au triomphe des idées de Justice et de Droit que nos soldats meurent par milliers avec cette admirable sérénité héroïque, et nous partageons leur grande espérance ; leur sacrifice ne sera pas vain ; le monde qui oscille de l'état de paix à l'état de guerre finira un jour, après des oscillations de plus en plus lentes, par trouver le repos, et ce sera alors le règne de la Justice. Et même si ce n'était qu'illusion, même si le monde ne progressait pas, le sacrifice ne serait jamais inutile, car il exalte les plus nobles sentiments et les plus hautes pensées de l'âme. Les exemples des grands sacrifices ont une inappréciable valeur ; ils nous arrachent à l'égoïsme, nous font tressaillir jusqu'à la fibre la plus intime de notre être, nous épurent, nous rendent meilleurs ; nous devenons plus modestes, et la notion d'une tâche s'impose à nous avec plus de force ; avec le courage, c'est la confiance en l'œuvre entreprise que nous apprend l'exemple d'une telle vertu.

Le sacrifice exalte dans l'âme les plus hautes vertus ; il attire notre respect et notre admiration, il élève le niveau moral de la société. C'est pourquoi nous n'y songeons jamais sans une sorte d'émotion religieuse ; c'est quelque chose de comparable à l'ordre de la charité dont parlait Pascal ; le sacrifice, au moment où il s'accomplit, doit opérer dans l'âme comme une révélation soudaine ; il fait connaître un ordre nouveau, infiniment supérieur à tous les autres et que nous ne pouvons connaître ; il faut avoir éprouvé ce qui se passe dans l'âme, à cet instant solennel, pour mesurer complètement la valeur et la beauté du sacrifice. C'est une erreur de croire que le sacrifice apparaît à un moment donné sans préparation antérieure ; les événements actuels prouvent que la force d'âme n'est pas une vertu si rare qu'on le dit quelquefois. C'est par la vie de chaque jour, acceptée librement avec tous les devoirs qu'elle impose, que les hommes fortifient en eux le courage. Développer profondément la vie intérieure est le meilleur moyen d'être capable d'un acte de sacrifice ; c'est ainsi qu'on a pu dire : « Le sacrifice est au bout de toutes les avenues de la vie morale », et c'est lorsqu'il est librement voulu, lorsqu'il est accepté par une conscience éclairée et qu'il l'est avec joie, que le sacrifice atteint un caractère vraiment sublime....

L'IVRESSE DU SACRIFICE[1].

Ce qu'il y a de plus admirable, c'est de

1. Rapprocher de ces intuitions psychologiques d'une jeune fille les impressions, plus vécues, que je trouve dans la lettre d'un combattant, un ancien élève de l'École normale d'instituteurs de Dax, tombé depuis au champ d'honneur. Ce sont presque les mêmes expressions : « Il me semble que je touche à un point culminant de ma vie, que je vais me sentir soulevé par quelque large souffle au-dessus de tout ce que j'ai vu, senti et pensé jusqu'à cette heure. Oh ! qu'elle me parait misérable l'existence que j'avais menée jusqu'au jour où,

constater l'ivresse avec laquelle s'accomplissent les sacrifices. S'il suppose un déchirement premier, un sacrifice s'accomplit presque dans la joie. L'attachement à une noble cause suffirait à remplir l'âme de joie, de bonheur profond ; mais ceux qui ont eu l'occasion de se sacrifier pourraient dire tout ce que le renoncement renferme d'autre volupté. Dans le sacrifice, il semble qu'on prenne conscience de soi ; on est là soi plus que partout ailleurs, là on se retrouve. L'être qui vivait d'une vie tranquille hier n'était pas mon vrai moi. Ce qui est le plus moi, ce sont les aspirations les plus nobles, les plus élevées, pour lesquelles je me sacrifie, celles que je sentais sourdre obscurément en moi, celles que j'ai peut-être désespéré d'atteindre jamais. Sans cette occa-

devant une balle ou un obus, j'ai pu me dire que je ne baisserais pas la tête ! Quel orgueil de se trouver fort devant la mort ! C'est vivre ardemment, totalement, que de savoir mourir.... Et puis s'abstraire !... On ne s'abstrait véritablement des ridicules contingences de la vie que sous le feu. Là seulement on est maître de soi-même. Certains jours, au cours de mes patrouilles à quelques mètres de l'ennemi, je me suis senti libre jusqu'à la griserie.... Je n'avais d'autre maître que moi-même.... Rien n'existe à côté de cette griserie.... Rien, rien. Oh ! je plains ceux qui ne l'ont pas connue. »

sion, je serais peut-être resté quelqu'un « d'honnête », je n'aurais pas découvert ce dont je suis capable, la vraie voie que je peux suivre. Découverte de forces inconnues, prise de possession de son vrai moi, impression de vivre la vie la plus pleine et la plus élevée qu'on ait rêvée jamais, tel est bien, il semble, tout le contenu, plus ou moins conscient, du sourire triomphant du héros qui tombe, du sourire triste, combien profond, de la femme en deuil qui a renoncé à son bonheur.

Le sacrifice voulu, accompli totalement, entièrement, a comme une vertu purificatrice. S'il est admirable de mourir pour une cause, il est admirable de vivre d'après un autre idéal que celui qu'on avait eu jusque-là ; le sacrifice crée des âmes d'élite pour lesquelles on se sent pris d'un respect infini. Les âmes les plus élevées sont peut-être celles qui ont eu un grand sacrifice à faire. « Elles se sont sauvées », ont perdu ce qu'il y avait en elles de médiocre pour ne s'attacher qu'à ce qui reste, à ce qui dure, à un idéal, quel qu'il soit. La douleur, les déchirements inévitables pour traverser le pas difficile, ont fait d'elles des âmes trempées ; la peine est salutaire, elle est un des grands secrets de la nature. Une âme est d'autant plus riche et plus profonde qu'elle a plus souffert. La femme qui sacrifie le bonheur qu'elle avait rêvé à la cause de la patrie sort brisée de l'épreuve, elle en sortira aussi meilleure. Si la vie fait le vide autour d'elle en lui enlevant des êtres aimés, son sacrifice est là pour donner aliment à son besoin d'amour ; qu'elle s'attache à l'idéal qui reste, lui seul fournit la foi qui permet de vivre, lui seul donne le vrai bonheur qui est contentement de l'âme. Si elle est sortie du sacrifice avec toutes les forces vives de son être tendues et raidies, elle ne tarde pas à se détendre dans la sérénité, l'harmonie intérieure que le sacrifice d'une vie moyenne à une vie supérieure peut seul donner. C'est le sacrifice du médiocre au seul Bien, au seul Vrai qui fait l'admirable sérénité des sages....

LA CONTAGION DU SACRIFICE

Et c'est surtout dans les moments de tourmente que la pensée de sacrifice émeut ainsi. Aux heures sombres de pessimisme et de doute, le sacrifice lui-même peut apparaître

comme une grande duperie ; mais lorsque
sous la pression du danger national on voit,
comme à l'époque actuelle, la moisson de
héros qu'un peuple peut fournir, lorsqu'on
apprend que chaque heure voit les dévouements les plus sublimes, alors le mot « sacrifice » prend sa signification vivante, son sens
le plus profond, car on sait ce qu'il représente
de générosité et d'abnégation.

Aussi, dès qu'on nous parle de sacrifice,
nous pensons à tous nos héros, à ceux que le
monde connaît et honore et à ceux dont le
sacrifice obscur est resté ignoré de tous. Des
noms se mêlent dans notre mémoire, et depuis
le plus illustre jusqu'au plus humble, ils sont
l'objet d'une même admiration. Nous re-
voyons les héros que nous avons connus, ceux
dont on nous a dit l'histoire, puis il nous reste
comme la vision d'un héros type. Nous voyons
un être jeune et fort placé dans une situation
douloureuse et, un instant, nous croyons
éprouver le déchirement atroce qui se produit
dans son âme au moment où il faut mesurer
l'étendue de ce qu'il perd et l'immensité de
l'effort qu'il lui faut accomplir. Puis, nous
le voyons courant joyeusement au sacrifice.

Il a triomphé des forces obscures de la chair, il n'y a plus en lui qu'une conscience et qu'une volonté.

Et certes, à ce moment, nous ne nous arrêtons pas à rechercher ce qui a rendu le sacrifice possible et quelle est la part due à .l'instinct. Nous ne voyons qu'une chose : la beauté du geste, et toute tentative pour l'expliquer nous paraîtrait presque une profanation.

Nous préférons admirer et laisser notre âme s'épanouir dans la joie et la fierté. Cet être qui sait se montrer si beau, si maître de lui-même, c'est un homme. Quel réconfort ! Nous sommes navrés parfois en constatant les faiblesses humaines et nous nous répétons attristés : «L'homme ne pourra jamais s'affranchir de ses instincts ». Et voilà que l'évidence nous prouve le contraire, voilà que l'homme est capable de beauté. Nous sommes heureux. Un grand optimisme naît en nos âmes et le problème du mal n'étreint plus. L'homme est fort, l'homme sait se dompter. Et nous éprouvons quelque fierté à cette pensée. Certes, nous savons que le sacrifice a été dur, nous savons ce qu'il a coûté, et parfois nous nous attendrissons à cette pensée, mais notre enthousiasme demeure. A l'heure actuelle, c'est plus encore que nous éprouvons, nous savons que, dans les sacrifices qui tous les jours s'accomplissent, il y a une part pour nous ; nous savons que chaque soldat qui tombe a été notre défenseur à tous. Alors c'est un véritable élan d'amour et de reconnaissance qui s'empare de nos âmes, et nous éprouvons quelque honte à nous sentir si petits, alors que d'autres sont si grands. Nous voudrions souffrir nous aussi et, comme Pauline, nous éprouvons la contagion du sacrifice....

VI

LE DEVOIR DE L'ÉCOLE [1]

Il ne sera pas question dans ces pages d'un plan de réformes pédagogiques, ni du programme de l'éducation de demain. Aujourd'hui nous suffit. Sans doute une grande crise nationale fait qu'on se retourne vers l'école et qu'on lui demande des comptes. Le même phénomène se produit en ce moment chez nos ennemis et chez nous. Mais, tandis qu'en Allemagne c'est la qualité des dirigeants, et en particulier des diplomates, qui est sévèrement jugée, et tandis qu'on se propose de demander à un recrutement plus démocratique les

1. Ces pages ont paru dans la *Revue hebdomadaire* fin 1916. Il s'agit donc du devoir de l'école à cette date. Depuis, d'autres problèmes sont nés, et aussi d'autres devoirs.

Bismarcks espérés, en France on s'en prend moins haut, et c'est l'insuffisante préparation technique qui est surtout incriminée. L'école, qui a formé les héros, n'a pas fourni les ouvriers nécessaires. Si, dit-on, l'école primaire allemande a vaincu à Sedan, c'est l'école professionnelle allemande qui rend possible la résistance actuelle de l'Allemagne. Multiplions donc, à notre tour, les écoles professionnelles. D'autres, sans méconnaître ce qu'il entre de vérité dans ces constatations, font observer que l'outil essentiel c'est encore l'esprit, et que nous devons à l'éducation traditionnelle d'avoir trouvé en nous cette force souple, cette faculté d'adaptation, ces vertus enfin qui nous ont sauvés. « Nous avons pu improviser des munitions, dit un ancien ministre de l'Instruction publique, Albert Sarraut, nous n'aurions pu improviser des âmes. » Beaucoup aussi pensent qu'on ne peut improviser des corps non plus, et donnent à l'éducation physique un prestige d'actualité, en l'appelant préparation militaire. Et tous enfin ajoutent que, à l'exemple de la Convention, c'est en pleine guerre que nous devons ouvrir les portes de l'école au souffle réformateur, qui s'éteindrait dans le sommeil de la paix. Si pressants que soient ces appels, notre objet est autre. C'est dans l'état actuel, et pour le présent immédiat, que nous voudrions déterminer les devoirs de l'école et le rôle que les événements lui assignent. Beaucoup de ces devoirs d'aujourd'hui seront d'ailleurs encore des devoirs de demain.

Nous voudrions toutefois qu'on ne demandât à l'école que ce qu'on peut raisonnablement lui demander. On lui a demandé longtemps de combattre l'alcoolisme. Elle l'a fait ; elle l'a même fait utilement ; elle a atteint certaines familles par les enfants et, dans les enfants eux-mêmes, les hommes qu'ils devaient être. Mais il est évident qu'elle ne pouvait et qu'elle ne peut encore, dans le combat nécessaire, donner que comme une avant-garde. Sa bonne volonté, qui se dépense en escarmouches, sera impuissante, tant que l'artillerie lourde, dont d'autres disposent, restera muette.—Un journal bien intentionné, et qui a un beau titre : *Pour la vie*, demandait aussi récemment à l'école de contribuer au relèvement de la natalité. Ses correspondants lui ont répondu que chaque âge a ses devoirs,

et que les moyens détournés. et comme des
travaux d'approche sont seuls ici de la com-
pétence de l'école. Elle peut tout au plus
avertir de l'importance qu'aura, pour toutes
les luttes futures, ce qu'on appelle vilaine-
ment aujourd'hui le matériel humain, et s'ef-
forcer de fonder dans les âmes la prééminence
des fins patriotiques sur les fins individuelles
et familiales. C'est beaucoup ; et ce n'est rien.
Et il y aurait plus que de l'imprudence,
une sorte de mauvaise foi sociale à se déchar-
ger trop complètement sur l'école de tâches
qui la dépassent.

Le grand italien Ferrero haranguait un jour
de petits Siciliens, ayant lui-même choisi cet
auditoire d'enfants ; et, ajoute celui qui
raconte cette scène, il dit à toutes ces têtes
brunes, à tous ces yeux qui brillent (comme
brillent des yeux de Siciliens), qu'un sort grave
est sur eux, qu'il faudra devenir raisonnables,
devenir grands plus tôt que les autres enfants
avant eux.... Ferrero a raison, et cette gravité
obligatoirement précoce des enfants est une
tristesse qui s'ajoute à tant d'autres. Évitons
cependant de tendre à l'excès des ressorts
fragiles. J'entendais un jour une jeune mère

de famille évoquant avec mélancolie son enfance heureuse, et reprochant au temps présent de faire moins heureuse celle de ses enfants. Cette plainte a droit aussi qu'on l'écoute, et nous avertit au moins du danger de toute exagération.

Il est vrai qu'il ne faut pas faire ce danger lui-même plus grand qu'il n'est en réalité. L'enfance a en elle-même de quoi rassurer la tendresse inquiète des mères. Ce qui pèse sur nous d'un poids intolérable est souvent léger pour elle. Une école française d'Alsace est bombardée. On descend dans les caves précipitamment. Les plus petits se pâment. Un malaise général règne. Tout à coup, dans un coin de la cave, plusieurs enfants se mettent à chanter : *Au clair de la lune,* qu'on vient de leur apprendre. Le chant gagne de proche en proche. D'autres chants suivent. La situation est sauvée. Quelque chose chante toujours ainsi dans l'enfance, en dépit des événements. Cela est heureux pour elle ; cela est heureux pour nous. Cette apparente inconscience est parfois une forme de courage qui en vaut d'autres. Elle est l'art instinctif, que de plus grands auront à rapprendre, de narguer le destin et de « ne pas s'en faire ». Cette gaieté des enfants qui résiste à toutes les épreuves, elle est pour le soldat qui revient du front, elle est, pour ceux que les soucis et les responsabilités oppriment, un bain d'eau fraîche et pure, le souvenir et l'espoir de jours meilleurs. Il est bon qu'elle alterne avec cette gravité que nous leur demandons à certaines heures, comme Ferrero. Ils ont vécu notre vie de fièvre et d'angoisse pendant les premiers mois de la guerre, les mois tragiques ; mais la fièvre est un état qui ne peut durer. A mesure que la guerre s'est prolongée, elle a cédé la place chez nous à une volonté froide et réfléchie, à une éducation de l'effort qui est loin d'en diminuer l'intensité. Nous nous sommes habitués à la guerre, disent les pessimistes. Mais cela peut s'entendre aussi dans un bon sens. Car il est aussi nécessaire qu'il est dangereux de s'habituer à la guerre. M. Bergson, dans un discours récent, comparait notre attitude des premiers temps à celle de gens qui apprennent à aller à bicyclette. Tous les muscles se raidissent, et nous prenons beaucoup de peine pour de médiocres résultats. Puis nous en venons à ne plus faire que du

travail utile, et nous roulons, et nous roule-
rons tant qu'il faudra. L'enfant, dont les
habitudes musculaires, dont toutes les habitudes sont plus jeunes que les nôtres, s'est
adapté plus vite que nous ; et il continue sa
vie d'enfant, interrompue seulement par les
enthousiasmes, les colères, les espoirs, les
tristesses aussi dont il prend sa large part.
La nature, dont il est plus proche que nous,
lui donne l'exemple de la vie qui s'obstine,
et dont nos deuils n'ont pas terni les printemps.

Il y a d'ailleurs des degrés dans l'enfance,
et aux plus grands de nos enfants, à ceux que
déjà l'appel futur de leurs classes fascine,
comme une promesse plutôt que comme une
menace, oh ! à ceux-là nous n'avons pas à
demander un patriotisme plus ardent, car il
ne saurait l'être. Ceux-là ressemblent à leurs
aînés immédiats, à ceux que le devoir a trouvés si prêts, alors que nous les avions si peu
préparés. L'ennemi s'en était chargé. Il avait
irrité, dès ses premiers frémissements, leur
amour-propre national. Puis, en vertu des lois
mystérieuses qui règlent l'histoire secrète des
âmes, tout le passé a surgi en eux. Les « traits

éternels de la France » se sont dessinés à nouveau sur leurs jeunes visages. Oh ! nos fils, les soldats d'aujourd'hui, et ceux même qui attendent leur tour avec impatience, nous n'avons rien à leur apprendre. Eux nous ont appris les vertus renaissantes de la race, l'infini de l'héroïsme humain, le sens de la solidarité poussé jusqu'à l'offrande collective qu'une génération fait d'elle-même, le courage sans bravade, l'âpre goût du devoir, la religion du sacrifice. Ce sont eux, dit Wells, qui nous ont appris Dieu.

Ces pages écrites, qui contiennent les réserves nécessaires, nous sommes plus à l'aise pour traiter, comme nous l'avons promis, des devoirs de l'école. Ces devoirs ressemblent, sur bien des points, et cela était à prévoir, à ces commandements de la patrie, que l'éloquence de M. Deschanel formulait récemment. Ils peuvent se résumer ainsi : Travailler. — Y penser toujours. — Ne jamais oublier.

Travailler. — Au début de la guerre, il y eut ce que les philosophes appellent un renversement des valeurs. Comparé à une prouesse, que pouvait bien compter le patient labeur? Au-dessus des valeurs de la paix, les valeurs de la guerre s'étaient dressées. Le tour que la guerre a pris a rendu au travail quelque prestige. Il apparaît que, pour vaincre, il faut combiner les vertus de la paix avec les vertus de la guerre, et que la victoire sera, en même temps qu'au peuple le plus brave, à celui qui aura su le plus et le mieux travailler. Mais de ce travail-là, c'est-à-dire de la fabrication des munitions, les enfants prendraient volontiers leur part. Que dis-je ! ils la prennent : dans quelques-unes de nos écoles primaires supérieures, on tourne des obus. Mais cela, jusqu'à nouvel ordre, ne peut être qu'exceptionnel. Plus exceptionnelle encore la façon de travailler d'un élève d'une école professionnelle de Lille : celui-là ne fabrique pas des munitions, il fait exactement le contraire, aux dépens de l'ennemi. Des soldats allemands logent chez ses parents ; il dévisse leurs cartouches et cache la poudre. Il est dénoncé. Le directeur de l'école lui suggère d'alléguer qu'il a voulu faire des expériences, étudier la composition de la poudre. Mais, pour toute défense, il dit : « Autant de balles qui ne tueront pas des soldats français. » Comme il était très jeune, il ne fut que déporté.

Il s'appelle Paul Merlevède. Mais j'ai sans doute tort de rapporter ces exploits d'enfants qui grisent leurs jeunes contemporains. Car je voudrais parler d'un travail plus modeste, qui est tout simplement le travail scolaire.

Avant d'en parler, disons encore cependant que les enfants peuvent se rendre utiles de bien des manières. Il faut remplacer les mobilisés aux champs, à la boutique, à la maison. Cette collaboration de ceux à qui d'ordinaire on ne demande rien a, quand elle se produit, quelque chose de touchant et de symbolique ; elle est une façon de servir, à une heure où c'est l'ambition commune. Il y a des dieux partout, disaient les anciens. La patrie aussi est partout ; elle est en particulier dans l'humble ferme d'où l'homme est absent, et où les enfants groupés autour de leur mère soutiennent son courage et l'aident dans ses tâches multipliées. On pourrait demander plus encore aux grands garçons. Peut-être ne les utilise-t-on pas assez. Ils accepteraient avec enthousiasme toutes les formes de service public, fiers de jouer un rôle et de contribuer indirectement à la défense nationale. On calmerait ainsi des impatiences et on tiendrait en haleine des dévouements. Sait-on assez que plus on demandera à la jeunesse et mieux on répondra à son secret désir? — Mais venons-en au travail de la classe, qui souffrirait moins qu'on ne croit d'ailleurs d'alterner avec d'autres besognes.

Il était inévitable que les événements lui fissent quelque tort. Les établissements scolaires étaient réquisitionnés, remplacés au petit bonheur, les professeurs et instituteurs partis au front, et aussi les pères. Et puis les esprits sont ailleurs ; angoisses privées et publiques relèguent au second plan le souci d'apprendre, comme tous les autres. Ce fut cependant un acte de grande sagesse le jour où, ne prévoyant pas alors une guerre aussi longue, le ministre de l'Instruction publique ordonna tout de même, en octobre 1914, la rentrée des classes et, ce qui était plus difficile, l'organisa. On est donc rentré ; mais on est distrait. Il est naturel, il est nécessaire qu'on le soit. Les professeurs tout entiers à leur tâche, en quoi ils ont raison, s'irritent de sentir à chaque instant l'esprit des élèves qui leur échappe. Il y a eu des incidents, celui-ci, par exemple, qui relève cependant plus de la comédie que de la tragédie : un élève, qui était sergent, autorisé à suivre, pendant un congé, les cours préparatoires à une école, inflige quatre jours de salle de police à un professeur, simple soldat, qui cumulait bénévolement ses fonctions d'enseignement avec ses obligations militaires, et qui s'était permis d'adresser au sergent des observations méritées. L'histoire finit mal d'ailleurs pour le sergent. Certains candidats, et même certains parents ne comprennent pas non plus que quiconque est sur le point d'être appelé, ou va s'engager, se voie refuser au baccalauréat. Le courage militaire, devant lequel toutes les autres vertus pâlissent, et même la simple promesse de ce courage leur semblent mériter par surcroît tous les diplômes. Il y a là évidemment une confusion regrettable. Un héros peut, à la rigueur, n'être pas bachelier ; ce sont choses d'ordre différent et qui ne s'impliquent pas. Mais toute besogne doit être honnêtement faite, y compris celle d'un examinateur, qui n'a pas le droit de dépasser certaines limites d'indulgence et de tromper sur la valeur de la marchandise qu'il met en circulation. La patrie, dont l'appel a transformé en tant de dons merveilleux l'espièglerie et la turbulence d'écoliers d'hier, la patrie a besoin aussi; elle aura besoin de plus en plus de bons travailleurs. Je compte que nos enfants comprendront cet argument.

Il leur suffira d'ailleurs de savoir que les jeunes Allemands sont en ce moment très indisciplinés pour les dégoûter, eux, de l'indiscipline. Car les mêmes causes ont produit les mêmes effets chez nos ennemis et chez nous, mais aggravés chez nos ennemis, qui n'ont pas les mœurs de la liberté et qui, lorsque le frein cède, vont plus vite aux excès. Le mal serait grand, s'il fallait en juger par la rigueur de la répression. Les généraux commandants de régions sont intervenus. A Cassel, au-dessous de dix-huit ans, on est « personne à surveiller » ; on ne doit pas sortir seul, sous peine d'amende ou de prison[1]. Doux pays ! Jeunes gens de France, opposez pour une fois la discipline française à l'indiscipline allemande, une discipline fondée non sur la crainte, comme celle qui a peut-être rétabli l'ordre à Cassel, mais sur un commun sentiment du devoir,

1. *Revue pédagogique*, octobre 1916: Friedel, *Pédagogie de guerre allemande.*

fondée sur une imitation voulue de ce qui se passe au front, oui, fondée, comme au front, sur un affectueux respect pour vos maîtres, sur cette conviction que l'ordre en tout est un facteur nécessaire de la victoire, une discipline consentie, telle qu'elle convient à des hommes libres, une discipline à la française enfin. Par elle vous témoignerez de ce patriotisme qui bout en vous, et risque, comme tout sentiment violent, de se tromper sur la meilleure façon de se manifester, — par elle et par le travail.

Figurez-vous que, dans vos classes, vous êtes déjà mobilisés ; et ainsi vos tâches prendront un aspect militaire qui vous plaira. Il importe, à l'heure présente, que chacun fasse son devoir, celui de son âge, de sa profession, de sa condition. En faisant le vôtre, vous pouvez contribuer, pour une part modeste, mais sûre, à la tenue morale du pays. Épargnez à votre père qui se bat, à votre mère dont la pensée inquiète le rejoint, les soucis qui viendraient de vous. Préparez au pays les forces dont il aura besoin. Vous n'avez pas le droit de gâcher ce que le passé, ce que l'éducation déjà reçue a mis en vous d'intelligence, d'énergie et d'aptitudes diverses. Tout cela est utile au pays ; tout cela est une richesse nationale, dont vous n'avez que le dépôt. On n'a plus rien à soi aujourd'hui, ni son temps, ni sa vie, ni sa valeur propre. Dites-vous que la France victorieuse serait tout de même vaincue, si de la victoire elle tombait dans l'inertie, si elle la prenait comme une fin, et non comme un commencement. La victoire léguera d'autres combats qui seront les vôtres, combats de la science, de l'industrie, du commerce, de l'influence littéraire et artistique, combats de toutes les forces des pays en lutte, et aussi de toutes leurs vertus.

Y penser toujours. — « Il y a trois choses, dit à ses compatriotes Lloyd George, que je désirerais vous voir toujours présentes à l'esprit. La première, c'est que nous sommes en guerre ; la seconde, que cette guerre est la plus grande qu'aucun pays ait jamais soutenue ; la troisième, c'est que du résultat de cette guerre dépendent, pour des générations, les destinées de votre pays et l'avenir de la race humaine. » Cela s'adresse aussi bien aux Français. Et cela s'adresse aussi bien aux enfants qu'aux grandes personnes. Mais comme les enfants ont moins vécu, et qu'ils n'ont point dans leur propre passé des éléments de comparaison, ils prennent moins facilement la mesure des événements. L'histoire doit les y aider. Il faut qu'ils sachent à quel moment de l'histoire ils vivent. C'est l'affaire des maîtres de le leur apprendre. J'avoue ne pas comprendre certains maîtres (on m'assure que l'espèce existe) qui, par scrupule professionnel, se tiennent eux aussi au-dessus de la mêlée. Passe pour l'enseignement des mathématiques, des mathématiques indifférentes et éternelles. Mais il y a des enseignements, morale, histoire, littérature, que j'ai peine à imaginer aujourd'hui en dehors des commentaires que le présent suggère. Sans doute ce fut une règle de fermer les portes de nos classes au bruit que font les événements contemporains. Et cette règle était particulièrement sage, quand ces événements étaient ce que souvent ils furent. Mais ceux que nous vivons sont plus grands que tous ceux qui sont dans les livres ; et votre enseignement pâlit à côté d'eux, si vous ne le vivifiez au contraire à leur contact. C'est d'ailleurs ce que font la plupart des maîtres, et les diverses revues pédagogiques sont pleines chaque semaine de sujets de devoirs d'un nouveau genre, appropriés au temps et aux préoccupations présentes. Les grandeurs et les tristesses y tiennent une place égale. La pensée des enfants est sans cesse rappelée, en particulier, vers les veuves et les orphelins. Il y en avait auparavant. Mais ce n'était pas la même chose, puisque ce ne sont pas les lois de la nature, mais des événements dépendant de la volonté des hommes, et où notre responsabilité collective est engagée, qui sont cause des détresses présentes, puisque c'est pour nous tous que sont morts les maris et les pères.

Y penser toujours, ce doit être en effet, surtout quand il s'agit d'enfants jeunes, penser à des êtres, pour lesquels leur sensibilité et leur imagination s'émeuvent plus facilement que pour des faits et pour des idées. Concevez-vous une journée d'écolier où la pensée de ceux qui luttent et qui meurent pour lui n'aurait pas sa place? Il faut que la jeune génération fasse des provisions de reconnaissance envers celle qui la précède et qui, si noblement, poursuit son sacrifice pour qu'il n'ait pas à être renouvelé par ceux qui maintenant grandissent. Au maître, par des lectures, par des récits dont chaque jour lui apporte une riche matière, de vivifier les impressions, de rendre toujours présente, et douloureuse même, l'idée des misères endurées et des dangers courus. Il faut que les enfants entendent redire sans cesse de quoi est faite leur sécurité, et qu'un mouvement continu de leur cœur aille vers ces tranchées dont ils entendent parler, où des êtres connus, et aimés d'eux peut-être, mènent une vie si différente de la leur. Il sied à ceux qui mènent cette vie de rehausser par leur bonne humeur toutes les formes de courage. Mais cette bonne humeur ajoute encore à la dette infinie contractée envers eux et qu'ils semblent, par elle, vouloir éviter de nous faire trop durement sentir.

Rappelons à nos enfants les sentiments qu'éveilla en eux la vue des premiers blessés qu'ils rencontrèrent dans la rue ou qu'ils visitèrent à l'hôpital. Quel respect et quelle admiration, où il entrait comme la honte d'une inégale répartition, entre les différentes

générations qui composent la patrie, des
obligations et des risques ! Encore y a-t-il,
autour de chaque blessé, comme une atmosphère de poésie : le frémissement du combat
d'hier, les soins qui l'entourent, l'espoir
caressé de la guérison. Pire que la blessure
est la mutilation, dans laquelle il y a du
définitif et de l'irréparable. Avertissons les
jeunes de ménager aux mutilés une place
d'honneur dans la société de demain : à eux
les emplois et les égards ; à eux, dans la
famille, les soins et les tendresses. Et de quelle
récompense plus douce encore la pensée n'est-
elle pas déjà née dans le cœur de nos filles?
La reconnaissance nationale ferait banque-
route sans cette collaboration prolongée de
la jeunesse, si elle ne devenait pas pour plusieurs générations une tradition. On les recon-
naîtra, les mutilés de la guerre, à ce qu'ils
seront tous à peu près du même âge. Ce sont
les adultes d'aujourd'hui, parmi lesquels la
mutilation n'est déjà plus une exception.
Mais, quand une autre génération de jeunes
hommes entrera dans la vie et occupera le
devant de la scène, alors la cruauté du sort,
qui a frappé toute une tranche d'humanité,

apparaîtra davantage. Puis ils vieilliront, ces mutilés, et on les verra se rechercher et s'entretenir, comme ceux qui étaient jeunes au milieu du siècle dernier se souviennent d'avoir vu déambuler et deviser ensemble les derniers survivants des guerres impériales. Mais combien plus ils seront ! L'hôtel des Invalides, combien de fois trop petit ! n'est plus qu'un symbole. Mais il faudra que, mieux que son dôme doré, qui isolait trop de la vie et du monde des hôtes privilégiés, le respect de tous auréole demain, dans chaque commune, nos innombrables invalides à nous, mêlés, comme il importe qu'ils le restent, à la vie de tous, et les accompagne jusqu'à leur dernier jour.

Il y a aussi les morts auxquels il faut penser. Ce qui se fait déjà dans beaucoup de nos écoles est si touchant qu'il vaut mieux raconter que conseiller. Voici deux scènes : c'est l'ouverture d'un cours d'adultes ; le maître a, sur un tableau, copié quelques vers de l'hymne à la patrie, et, sur un autre, tracé la carte de l'Alsace-Lorraine ; de petits drapeaux sont piqués sur cette carte. Quand les élèves sont entrés, on médite d'abord, puis on répète ensemble, comme un chant liturgique, les vers de Hugo. Alors, sous chacun de ces petits drapeaux, le maître met deux noms, celui d'un village et celui d'un soldat de la commune, son ancien élève qui dort, dans ce village, son dernier sommeil. Car cette commune a fourni quelques-uns des soldats qui ont rendu ces villages à la patrie. Enfin, après avoir évoqué et appelé par leurs noms, par leurs prénoms, ces élèves qui ne sont plus, on réfléchit sur le sens de cette guerre, sur le sens de ces morts. Car c'est une leçon d'histoire que l'on doit faire. — Nous sommes maintenant dans une classe de petites filles. La directrice de l'école, comme presque toutes, a voulu que les noms des morts, qui se rattachent à la maison de quelque façon, soient inscrits sur un tableau que l'on a décoré avec piété et dont un crêpe voile le cadre. Une institutrice explique aux élèves la portée de cette commémoration. Or, parmi les noms inscrits sur ce tableau, est le nom du mari de cette institutrice, instituteur de l'école voisine. Elle n'a pas cru, pour cette raison personnelle, devoir se récuser et se dérober à ce qu'elle considérait comme un devoir de sa profession. Peut-il être de plus émouvante leçon?

Si la foi sincère agit, il faut de même que les sentiments que cette guerre inspire à la jeunesse se traduisent en actes. Ils se sont traduits en effet, et de mille manières. Nous ne les rappellerons pas. Il semble, après deux ans d'expérience, que la chose qui reste le plus nécessaire à nos soldats, et que l'intendance, si perfectionnée qu'elle soit, ne peut leur fournir, soit un peu d'affection, et en particulier l'affection des jeunes qui, comme une brise légère, vient apaiser et purifier l'air qu'ils respirent. La multiplicité des témoignages démontre chez eux ce besoin de vivre une autre vie, de se sentir rattachés à ceux qu'ils ont depuis longtemps quittés, de savoir que leur place reste marquée, d'avoir, dans l'existence en commun qui est leur lot, comme un coin d'intimité où leur personnalité se retrouve et s'épanouisse, et qu'une lettre lue et relue suffit à créer pour eux. A une lettre, dont tel est le bienfait, nos écoliers doivent, si c'est nécessaire, sacrifier une heure d'étude ou même de récréation.

On sait que pour les soldats dont la famille

appartenant aux territoires envahis est ren-
due par là plus lointaine, et surtout est
empêchée d'écrire, des lettres d'enfants inconnus sont un substitut accepté avec gratitude
de lettres en vain attendues. Il s'est formé
ainsi, pour ceux qu'un sort malheureux vouait
à une sorte d'abandon moral, des familles
volontaires et provisoires. Et c'est l'honneur
de nos écoles d'être souvent ces familles.
Chaque classe du collége de D... a deux
filleuls. On n'en prend pas davantage, parce
qu'on veut faire bien ce qu'on fait, matériellement et moralement. On les suit avec
angoisse, quand on les sait au danger. On se
réjouit de leurs exploits, de leurs citations.
Enfin on s'attache vraiment à eux. On a
connu le chagrin de voir lettres et paquets
revenir. Mais comme leurs lettres, à eux aussi,
en même temps qu'elles donnent le sentiment
si doux d'un bienfait bien placé, apportent à
leurs jeunes correspondantes des visions
qui sont de vraies leçons de choses de la guerre !
Ils passent, près du collége, leur permission
ou le temps de leur convalescence, quand ils
ont été blessés. On les loge au dehors ; mais
ils ont, dans ce collége même, une salle à eux,

où, sous la surveillance de maîtresses, les élèves viennent causer avec eux, ou même jouer aux cartes. Le jeudi et le dimanche, on les promène. Quant aux repas, les familles des élèves externes se disputent la joie de les recevoir. La directrice, comme une maman, se réserve le dernier repas. Peu à peu, ils se sont familiarisés ; ils n'ont pas seulement raconté leurs aventures, mais ouvert leur cœur ; à leur famille d'adoption ils ont montré, avec une mélancolie apaisée, les photographies de la famille véritable, ce qui est, de la part d'un soldat, la marque suprême de confiance. Et, quand ils sont partis, la correspondance reprend plus suivie, plus intime. — Dans un autre établissement de jeunes filles, à A..., on a adopté un soldat dont on a fait connaissance dans une ambulance voisine où il était soigné pour une blessure. Il est retourné au front, puis on n'a plus eu de ses nouvelles. Il n'était que prisonnier. Il s'évade. Aussitôt en France, c'est à *son* lycée qu'il télégraphie. La directrice va le chercher à la gare. Il se jette dans ses bras, comme un enfant. On l'introduit dans la classe de ses protectrices, toute pavoisée pour le recevoir,

Le personnel du lycée est au complet pour assister à la scène. On goûte avec lui, et il trouve pour remercier, ce simple (avant d'être soldat, il était ouvrier), les paroles qu'il fallait. Réconforté par cet accueil, il rejoint plus gaiement le dépôt.

Voilà l'exemple de ce que nos écoliers peuvent faire. Si tous ne l'ont pas encore fait, qu'ils s'y mettent, depuis les plus hautes écoles jusqu'aux plus humbles. Il y a des détresses morales et matérielles pour toutes les bonnes volontés. J'avais sous les yeux récemment la requête émouvante du secrétaire d'une société belge qui demandait des parrains ou des marraines pour dix mille soldats belges. Et il y a les prisonniers qui ne demandent pas, mais attendent. — Espérons enfin que cette fraternité survivra aux événements dont elle est sortie, tant l'expérience en aura été douce, effet heureux de causes douloureuses, et que l'école continuera d'en être le foyer.

Y penser n'est pas tout ; il faut y faire penser. L'école doit, sans se lasser, battre le rappel de la conscience nationale. Elle est bien placée pour cela. La parole de ses maîtres se fait entendre partout. Je ne pense pas seulement aux plus illustres, qui ont une clientèle à eux, faite de l'admiration et de la reconnaissance de générations d'élèves, qui ont eu des élèves à leur tour. Je pense aussi et surtout aux plus humbles qui sont dans leurs écoles, dans leurs communes, les missionnaires permanents de la France. Tout le pays se bat et, en un sens, le front est partout. Chaque école m'apparaît comme un organe de défense relié, par ces merveilleux agents de liaison que sont les enfants, à toutes les familles françaises. D'elle doivent rayonner la foi, la discipline des esprits, le goût de l'action utile, celui même des privations. Devoir simultané de l'enfant et du maître, associés et rapprochés par lui. Ainsi les enfants participeront à la guerre, comme c'est leur ambition. Car cette guerre ne se fait pas seulement avec des munitions, quoiqu'il en faille, et beaucoup. Elle se fait avec le moral des peuples, avec toute leur âme, σὺν ὅλῃ τῇ ψυχῇ.

Ne jamais oublier. — Nous avions fait le même vœu après 1870. A la première page d'un livre intitulé *Alsace*, About inscrivait cette dédicace : « A mon fils, pour qu'il se souvienne ». Nous nous repentions avec Sully Prudhomme, et nous faisions, avec Déroulède, les serments qu'il a tenus. Des ligues se formaient qui ressemblaient à celles que l'on voit éclore aujourd'hui. La prudence imposée au vaincu mit de bonne heure une sourdine à cette propagande. Mais, plus que la prudence, c'est un sentiment de pudeur douloureuse qui fit que bientôt il y eut, entre Français, comme un sujet défendu. La France, qui n'avait pas l'habitude de la défaite, chassait instinctivement un souvenir, qui devint plus pénible quand il ne fut plus associé à l'idée d'une revanche prochaine. Il fut convenu qu'on y penserait toujours, sans en parler jamais. Et nous fûmes en effet beaucoup qui ne cessions d'y penser. Mais nos fils, qui n'en entendaient pas parler, n'avaient même plus la peine d'oublier. Dans les classes, aux examens, les événements de 1870 étaient plus ignorés que ceux de l'an 1000 : et nous cessions d'interroger sur eux, parce que cette ignorance nous faisait mal, sans nous avouer à nous-mêmes que nous nous en faisions ainsi les complices. Cela dura jusqu'à ce que l'Allemagne prît à tâche par ses défis d'apprendre l'histoire aux Français et de leur rappeler le passé en le recommençant.

Nous n'aurons pas les mêmes raisons, après la guerre présente, de laisser s'organiser le silence. Nous n'aurons plus des sentiments de vaincus, et les souvenirs, si chargés de deuils qu'ils soient, seront légers à porter pour notre patriotisme. Si les événements sont pleins de leçons qu'il faudra tirer d'eux, ils enferment tant de gloire que l'imagination française en sera, pour plusieurs siècles, illuminée. L'histoire que nous vivons, sans que la légende ait à s'en mêler, a dès maintenant des proportions d'épopée. Noms de batailles et noms de généraux grandiront encore avec le recul du temps. Mais le vrai héros de cette épopée sera, comme il convient à un pays démocratique, le soldat anonyme dont le courage, fait tour à tour d'audace et d'endurance, toujours de foi et d'amour, a non seulement ressuscité toutes les vertus françaises, mais dépassé ce qu'il y avait de plus grand dans notre histoire et dans l'histoire entière. Non, nous n'avons pas à craindre que ces souvenirs s'effacent.

Mais cela ne suffit pas. Il faut nous souvenir non seulement de nous, mais de notre ennemi, de la guerre préparée par lui, de cette rancune, jusque-là inconnue, du vainqueur contre le vaincu, par laquelle il a répondu à nos rêves de paix; il faut nous souvenir de l'agression, des mensonges qui l'ont précédée, des abominations qui l'ont suivie. Il faut nous souvenir de la façon dont il fait la guerre, au point de déshonorer ce qu'il y a de noble en elle, au point de déshonorer le courage de ses propres soldats. Cela ne suffit pas encore. Il faut nous souvenir du passé de ce peuple, et rattacher ce passé au présent, de peur d'être victimes encore d'une illusion, et de prendre pour un accès passager de folie, envers lequel nous exercerions notre traditionnelle indulgence, ce qui est la suite logique et voulue tout à la fois de l'histoire de ce peuple, et l'épreuve décisive dans laquelle il a révélé au monde sa nature propre. Les Allemands prétendent avoir inventé un chapitre de psychologie : la psychologie des peuples. Il faut leur en faire l'application, et ajouter à ce chapitre un chapitre encore, la tératologie des peuples, et se demander, ayant affaire en effet à un monstre, quelle conclusion notre sécurité nous oblige à tirer.

Ce sera l'affaire de nos publicistes, de nos historiens, de nos philosophes de tenir ainsi éveillée la conscience nationale. Mais, puisqu'il s'agit ici de l'école, et quoique nous ayons dit que nous ne prônerions pour l'instant aucune réforme pédagogique, il en est une que nous réclamons, et dont nous demandons l'application immédiate. Une des causes encore de l'oubli où les événements de 1870 étaient tombés est tout simplement la place qu'ils occupaient dans nos programmes d'histoire. Ils en étaient naturellement l'avant-dernière page, puisque ces programmes suivent l'ordre des faits et des dates. Et il arrive que les professeurs les mieux intentionnés se laissent attarder aux commencements, et tournent hâtivement les derniers feuillets. Nous voudrions que la guerre actuelle, pour ne pas courir mêmes risques, eût une place à part, avec tout ce qui la prépare et l'explique, dans l'enseignement public, de sorte qu'il ne fût plus possible à l'élève de demain de n'avoir que le souvenir des journaux qu'il a lus ou des conversations qu'il a entendues, et que celui

d'après-demain surtout sût cette histoire
mieux que celle d'aucune autre guerre. Nous
sommes bien sûrs de ne pas céder, en expri-
mant ce vœu, à la fascination que tout présent
exerce sur ceux qui le vivent, et de ne pas être
dupes d'un grossissement injustifié des faits.
Car ce présent-ci, il faut toujours en revenir
là, est plus grand par lui-même, et par tout
ce qu'il enferme de passé et d'avenir, que les
plus grandes époques de l'histoire. Nos maîtres doivent le traiter selon sa taille, et le
faire servir tout palpitant encore à l'éducation
nationale.

Enseignerons-nous donc la haine? Voici
ce que les enfants chantent, en Allemagne,
d'après le *Lokal Anzeiger* :

> S'il pleut du sang de Français
> Et s'il neige des têtes de Russes,
> Alors nous prions le bon Dieu
> Pour que ce temps-là dure.

Il est juste d'ajouter que des pédagogues
allemands se sont élevés contre ces turpitudes.
Mais enfin on parle déjà dans les écoles allemandes de la guerre future, et on y prépare
les esprits. Refuserons-nous d'entendre une

fois de plus? Il y a d'ailleurs haine et haine. Nous ne ferons point appel aux mauvais instincts, ni même à ce désir de rendre le mal pour le mal qui a été cependant une des formes primitives du sentiment de justice. Mais si la haine est l'horreur perpétuée pour les crimes commis, si elle est la vigueur jamais atténuée de l'indignation morale, si elle est le refus d'absoudre avant les réparations et la contrition, si la haine est l'amour des victimes envers lesquelles le pardon accordé à leurs bourreaux serait une offense posthume, si la haine est la piété envers les ruines, envers Louvain, envers Reims, on ne peut bannir cette haine de l'étude du passé sans en bannir la conscience. Or nous nous refuserons à enseigner l'histoire avec cette objectivité que l'école allemande recommandait aux écoles des autres pays, sans la pratiquer elle-même, avec cette objectivité qui consiste à abdiquer le droit de juger et à s'abstenir de toute appréciation morale. Nous n'admettrons pas qu'il n'y ait en histoire ni bien ni mal, ce qui conduit à préparer le culte du succès et de la force. Nous n'aurons que les saintes haines de la conscience. Mais nous les aurons.

Ne jamais oublier, c'est aussi ne pas oublier les sentiments que les Français, dans le commun danger, se sont subitement découverts les uns pour les autres, la fraternité des tranchées et souvent des tombes, cette union sacrée en un mot qui a grandi notre pays aux yeux du monde un peu étonné, et qui a déçu l'ennemi. Est-ce bien à la jeunesse qu'il faut prêcher l'union? Elle est l'âge des franches camaraderies qui ne s'arrêtent pas aux différences de condition et même d'éducation. Y eut-il jamais deux jeunesses, comme on l'a dit? Je ne le crois pas. Des défenseurs de tous les partis sont sortis presque indifféremment de toutes les écoles. C'est plus tard que les divisions se font et s'accusent. Mais si jamais ces deux jeunesses avaient existé, le feu des batailles les aurait soudées ensemble à jamais. Nous voudrions que l'école se souvînt aussi de cela, et mît le dogme de l'union entre les Français si haut que rien plus ne pût l'atteindre. Ainsi cette école qui fut l'enjeu des luttes politiques en deviendrait par avance la pacificatrice. Elle aurait marqué du moins à la controverse, qui est un bien, qui est une condition de vie et de progrès, la limite au delà de laquelle elle change de nom et devient un mal. Un noble·éducateur, dont les idées étaient ce qu'on appelle avancées, à la veille de mourir sur le champ de bataille, avait donné une forme à son rêve ; la paix française était pour Albert Thierry un élément et une condition d'une bonne paix européenne, et voici ce qu'il écrivait, il y a déjà plus d'un an :

« Les Français d'après l'an XV, qui se sont tenus un an par la main, depuis la mer du Nord jusqu'au Rhin, quels que fussent d'ailleurs leurs intérêts économiques, leur opinion politique, leur croyance, leur idéal, n'entendent plus se brimer ni se tourmenter les uns les autres ; la vieille haine française, qui avait sa noblesse, la lègue à une tendresse française que ni la France ni l'univers n'ont encore connue. »

La tendresse française, nous voulons entendre aussi par là la tendresse pour la France. Il y a là une religion qui est née depuis deux ans. Nous avions entendu les accents du patriotisme français dans le passé ; nous entendons les accents du patriotisme des autres nations. Mais je ne sais ce qu'il entre de plus ardent, de plus profond, de plus recueilli, de plus mystique en un mot·dans notre sentiment actuel à nous. C'est parce que la patrie a souffert, c'est parce qu'elle est comme une mère que nous avons failli perdre, c'est aussi parce que les événements ont donné à la France de se révéler plus pleinement et plus complètement qu'elle ne le fit jamais, au point que ceux qui l'aimaient le plus se sont aperçus qu'ils ne l'aimaient pas assez, et ont. trouvé des raisons de l'aimer davantage, parce que, en même temps, dans cette France nouvelle, toute la vieille France s'est incarnée et rayonne, c'est parce que la foi s'entretient par le sacrifice, et que jamais le sacrifice n'avait été aussi grand, c'est parce que, quelles que fussent nos croyances individuelles, nous aspirions inconsciemment vers cette foi commune, symbole et garantie de notre concorde, pour toutes ces raisons il y a aujourd'hui une religion de la patrie. Née de la guerre, elle lui survivra. De cette religion l'école sera le sanctuaire. Elle lui devra d'être plus vraiment nationale. École et patrie seront ainsi associées pour toujours, plus intimement qu'elles ne l'ont jamais été, l'école, à tous les degrés, entretenant la ferveur envers la patrie, la patrie enveloppant l'école du prestige qui s'acquiert à son service.

VII

RÉCEPTIONS D'ÉTRANGERS

I. — RÉCEPTION DES INTELLECTUELS ESPAGNOLS

à Hendaye.

Messieurs,

C'est au nom de l'Institut de France qui vous attend avec impatience, et qui se réjouit de votre visite comme de la visite de la pensée espagnole à la pensée française, et laissez-moi ajouter : comme de la visite du cœur de l'Espagne au cœur de la France, c'est au nom de l'Institut de France que je vous souhaite la bienvenue sur le sol de France où vous venez de mettre les pieds, sur ce sol dont la moindre motte revêt pour nous un caractère si sacré qu'il nous semble,

— vous excuserez de notre part ce sentiment, — que, en prenant contact avec lui, vous devez éprouver un peu de la piété qui nous étreint.

Si je vous parle au nom de l'Institut, je ne puis pas ne pas me souvenir que je suis le recteur de l'académie de Bordeaux, comme sont professeurs de l'université de Bordeaux ceux qui ont bien voulu m'accompagner, que j'ai été accueilli par vous, que mes collègues ont maintes fois enseigné dans vos universités, que votre terre enfin a été hospitalière à une fille très chère de l'université de Bordeaux, notre École des Hautes Études hispaniques, et permettez-moi d'espérer que l'Institut de France ne s'est pas trompé s'il a cru, en nous envoyant vers vous, envoyer des interprètes de ses sentiments vers lesquels vous inclinait déjà une particulière et habituelle sympathie.

Non seulement l'université de Bordeaux a été reçue chez vous, mais elle se souvient avec orgueil d'avoir reçu quelques-uns d'entre vous, dans ces temps heureux où les universitaires, vous comme nous, ne songeaient qu'à l'échange des idées et des sympathies.

Mais, Messieurs, si précieuses que nous aient été vos visites d'autrefois, elles ne ressemblaient pas à celle-ci qui est un acte, et qui tire des circonstances présentes un sens qui dépasse nos relations de bon voisinage et notre chère confraternité scientifique et intellectuelle. C'est dans l'épreuve que les témoignages d'amitié prennent tout leur prix. La France qui lutte, la France qui souffre, oui, qui souffre, — car elle ne craint pas de compromettre par la sincérité de ses deuils et l'aveu même d'angoisses passées sa certitude présente de vaincre, ni cette vertu qui, pour employer l'image puissante dont se servait devant moi ce matin l'un de vous (qui s'excusa pourtant de mal parler le français), cette vertu qui partout en elle a fait explosion, ni ce courage tranquille que vous constaterez d'un bout à l'autre du pays, et plus peut-être à mesure que vous vous approcherez des lieux où l'on se bat, et qui fait ma patrie si belle aux yeux du monde, — c'est cette France-là qui vous est reconnaissante du mouvement qui vous fait venir à elle, avant que le dernier acte du drame ne soit joué, et qui salue en lui un geste chevaleresque, donc bien espagnol, et digne en tous cas des plus nobles esprits d'une noble nation. Au nom de l'Institut de France, Messieurs, au nom de nos universités, au nom de la France entière, bienvenue et merci.

à Bordeaux.

Messieurs,

Quand j'ai appris qu'une mission d'académiciens espagnols viendrait en France, je me suis réjoui comme tous les Français; mais, à la différence de ceux dont la joie devait rester muette, je pensais bien que cette mission ne passerait pas par Bordeaux sans que j'aie à lui adresser un discours. Ce discours, je vous l'aurais peut-être en effet adressé si vous vous étiez arrêtés ici il y a quinze jours, mais quinze jours de vie en commun l'ont rendu inutile, et je ne le prononcerai pas.

Je comptais vous dire, — comme Clemenceau dit aux parlementaires anglais : Nous vous attendions depuis Crécy, — Nous vous attendions depuis Rocroi, depuis Saragosse ; car il y a des façons de se battre qui préparent et prédisposent à l'amitié, tandis que d'autres n'engendrent que la haine et le mépris. Je comptais vous dire surtout : Nous vous attendions depuis deux ans. Car nous avions échangé, entre professeurs au moins, de tels témoignages d'amitié qu'il nous paraissait contraire à cette amitié, quelles que fussent les exigences de la politique, que vous restiez les spectateurs impassibles des coups échangés, que vous restiez indifférents au sang si proche du vôtre qui coulait à flots. Vous nous aviez écrit des lettres privées ou collectives, quelques-unes très belles. Mais une visite est plus qu'une lettre, et une visite de quinze jours est plus qu'une visite. Elle s'appelle un séjour, et on ne la fait ainsi durer que chez des parents ou des amis très chers.

Je voulais vous dire aussi, car c'est une dette que j'ai contractée envers vous, que c'est chez vous, plus qu'en France même, à force de vous l'entendre invoquer par vous-mêmes, que j'ai pris conscience de notre fraternité latine. Plus facilement accessible à d'autres civilisations, notre pays a trop longtemps oublié peut-être ses affinités propres, telles qu'elles résultent de l'histoire. C'est chez vous, c'est de vous que, personnellement, je les ai rapprises. Et il nous en eût coûté d'autant plus, dans l'Europe de demain, où qui se ressemble s'assemblera, si l'Espagne avait manqué à l'appel fraternel des autres membres de la famille latine et était restée à part des groupements futurs. L'âme latine n'est pas faite seulement d'aspirations, mais de répugnances. Le plus espagnol de nos poètes, Victor Hugo, oppose deux guerriers, le père et le fils, et, avec eux, deux méthodes de guerre. Le père guerroie à l'ancienne mode, qui est de garder l'honneur pour loi, et de rester clément pour les faibles. Avec le fils, qui se croit plus moderne, sans doute,

> On a pour s'attaquer des façons tortueuses
> Et sûres, dont le Cid certes n'eût pas voulu,
> Et que dédaignerait le lion chevelu.

Ce fils viole, incendie et surtout il vole et compte des profits. Le poète ajoute :

> Et c'est pourquoi le père a souffleté le fils.

Quelque chose souffrait en nous, et le monde ne nous semblait pas dans l'ordre, tant que la chevaleresque Espagne n'éprouvait

pas de certains dégoûts, et comme la déman-
geaison de pareils soufflets.

Enfin, nous l'avouons sans fausse honte,
nous tenions beaucoup à votre amitié et à
votre approbation dans le conflit présent, pour
certaines raisons qui vous font honneur. Il
y a des hommes dont l'amitié constitue une
noblesse. Il y a de même des nations avec
lesquelles il fait bon frayer. Il y a des peuples
nobles. Il y en a d'autres, quelle que soit leur
fortune dans l'histoire, qui resteront des
manants, des parvenus, des « cursi », comme
vous dites, je crois, parmi les peuples. C'est
parce que l'Espagne est une nation noble que
nous la voulions avec nous, sans pensée d'utilité immédiate, mais pour la satisfaction de
notre conscience — et de la sienne.

Voilà, Messieurs, quelques-unes des choses
que je voulais vous dire, et que je ne vous
dirai pas. Vous avez vu la France, et cette
vision dont vous vous êtes empli les yeux
vaut mieux que tous les discours. Vous avez
vu à Versailles la France du passé, à Versailles, où nous avons retrouvé des souvenirs
communs. Vous avez vu partout la France
du présent et son effort multiple, infini

quoique croissant toujours. Vous avez visité les lieux où se fabriquent les engins de mort et ceux où l'on s'ingénie à en réparer les effets. Paris a retrouvé quelque coquetterie pour vous recevoir, s'il n'a rien changé à la sombre gravité de ses soirs, qui contraste avec la joyeuse prodigalité de lumière dont vous aviez le souvenir. Je dois même vous dire que le Paris que vous avez vu ne ressemble pas tout à fait à celui que je vois chaque fois que j'y vais. Je n'avais jamais autant dîné pour ma part chez Ritz et chez Meurice. Mais vous ne vous y êtes pas trompés, et M. Altamira nous disait éloquemment que notre sérénité lui apparaissait comme un des aspects de notre force même. Quoiqu'elle ne se soit pas montrée à vous, vous avez deviné la France qui souffre, et certains gestes, certains regards, ou encore la noble invocation de M. Picon à la femme française nous ont prouvé que vous saviez voir au delà de ce qu'on vous montrait, et que rien de français ne vous était étranger. Cette communion constante de nos âmes s'est achevée au front. Nous avons eu le bon esprit de fêter vôtre arrivée par une victoire, et vous l'avez faite un peu vôtre, par la large part que vous avez prise à notre joie. Quand, au bruit du canon, vous vous exerciez à distinguer les départs des arrivées, il est advenu que l'un de vous a parlé de *nos* canons, et cela spontanément, sans même s'apercevoir que, par ce possessif, il violait quelque peu votre neutralité.

Vous avez salué avec respect nos généraux. Vous avez admiré nos soldats. En passant devant les champs catalauniques, vous avez senti dans l'amitié d'aujourd'hui le frémissement de l'alliance d'autrefois. Vos genoux ont fléchi avec les nôtres devant le portail de Reims et, devant Verdun détruit, votre pitié fut telle que l'un de vous, qui avait devancé d'un jour dans la malheureuse et glorieuse cité l'équipe de visiteurs dont je faisais partie, me disait à moi, Français : « N'y allez pas, c'est trop cruel. » J'y suis allé cependant, avec quelques-uns d'entre vous, et quand on a fait ensemble ce pélerinage, on est, n'est-ce pas, Messieurs, de la même religion, où il entre de l'horreur et de l'admiration, et pour ceux qui ont tant souffert, et pour ces ruines victorieuses des sentiments qui dépassent le ton ordinaire des sentiments humains.

Messieurs, vous retournez en Espagne. Nous ne vous demandons pas de rester semblables à vous-mêmes, tels que vous vous êtes montrés à nous, car de cela nous sommes sûrs. Nous vous demandons de faire que le plus grand nombre possible de vos compatriotes vous ressemblent, afin que nous puissions appliquer à l'Espagne entière la chère image que nous gardons de vous, celle d'une Espagne frémissante et vraiment fraternelle.

Vous avez été près de nous des ambassadeurs espagnols, comme un journal d'ici vous appelait hier. Une autre fois, on vous a appelés, ici encore, des grands d'Espagne. Cela flatte les hommes d'étude et de pensée que nous sommes, que les hommes d'étude et de pensée que vous êtes aient été reçus chez nous comme vous l'avez été, et que ces titres aient pu leur être décernés. Cela est de bon augure pour nos professions communes.

Mais entre tous les intellectuels de France, ceux de Bordeaux ont des raisons particulières d'être fiers. L'intercambio a été pratiqué entre Bordeaux et vous d'abord, et vos conférences de la Sorbonne me faisaient faire un retour plein de complaisance vers celles que nous avons eu l'orgueil d'entendre ici. L'université de Bordeaux, et aussi celle de Toulouse, dont je salue ici le représentant, ont fraternisé les premières avec vos universités. Il semble qu'ici, dans l'amitié franco-espagnole, notre commune frontière et nos relations de tout ordre mettent quelque chose de plus intime, de plus étroit et comme un degré de parenté de plus. Au moment de nous séparer, nous avons la consolation de nous sentir très proches les uns des autres.

Messieurs, vous avez bu souvent à la victoire de la France. Il ne m'appartient pas, à moi, Français, vous, Espagnols, étant présents, de porter ce toast, mais je boirai à la grandeur de l'Espagnè, unie à celle de la France. Je boirai à tous les vœux de l'Espagne, sûr que la victoire de la France est l'un d'eux.

II. — RÉCEPTION DE M. FINLEY

Messieurs,
Au moment où des uniformes américains, tout pimpants dans leur fraîcheur et leur

nouveauté, commencent à mettre une note inaccoutumée dans les rues de cette ville, et réjouissent les regards fraternels qui s'arrêtent sur eux, il nous est particulièrement doux de recevoir, dans cette salle de l'université de Bordeaux, un universitaire des États-Unis, qui fut un des bons ouvriers de l'alliance de nos deux Républiques, et qui fut pour la France un ami de toujours, — vous allez juger jusqu'à quel point.

M. Finley n'est pas un inconnu à Bordeaux. Il est venu, il y a six ans, professer dans cet amphithéâtre même.... A ce moment, M. Finley était le président du collége de la ville de New-York, un collége qui reçut récemment de la ville de New-York des bâtiments neufs de la valeur de 25 millions, chiffre qui nous causerait quelque envie, si les Américains ne nous rapprenaient eux-mêmes à aimer les vieux bâtiments, moins coûteux, qu'ils trouvent chez nous. Dans ce même collége, qui a un personnel enseignant de 250 professeurs, 22 enseignent le français et la littérature française.

M. Finley est aujourd'hui directeur de l'enseignement de tout l'État de New-York. Et nous avons répondu à la nature de cette fonction, en même temps, j'en suis sûr, qu'à ses intentions, en réunissant, pour le recevoir, tous les ordres d'enseignement de la ville de Bordeaux. De cette occasion qu'il nous a fournie, et que nous avons saisie avec empressement, nous le remercions. A des degrés divers, tous les ordres d'enseignement vivent chez nous du même idéal, et aiment à communier dans cet idéal, que notre organisation administrative fragmente plus qu'il ne conviendrait, à mon gré. Depuis trois ans, en particulier, ils entendent les mêmes voix, ils répondent aux mêmes appels, ils participent aux mêmes œuvres. Ils ne se rencontrent cependant matériellement pas assez encore. La visite de M. Finley aura été l'occasion d'une journée d'union sacrée universitaire. Son nom et celui de la nation qu'il représente nous ont groupés dans un même enthousiasme et pour une unanime acclamation.

L'œuvre d'histoire généreuse, dont je veux enfin vous parler, et qui est sortie de la plume de M. Finley, a pour titre : « La France au cœur de l'Amérique ». Il faut entendre le mot « cœur », nous dit M. Finley, au sens géographique. Mais il ajoute que ceux qui, dans le trouble du moment présent, n'ont pas au fond d'eux-mêmes les mêmes passions que lui n'ont qu'à fermer son livre. Le mot de « cœur » est en effet un mot bien riche. Et du sens géographique d'autres sens rayonnent, n'est-ce pas? Et de ce titre seul nous ne saurions trop remercier l'auteur.

Ce que M. Finley nous raconte, c'est l'épopée des découvreurs français de la vallée du Mississipi, de la vallée de la démocratie, comme il l'appelle. Mais il y a façon d'étudier et de raconter. Ce qu'il poursuit avec une curiosité pleine de tendresse, ce sont les traces de ces hardis et nobles pionniers, c'est ce qu'ils ont laissé de leur âme sur les routes qu'ils ont frayées, ce sont les noms de saints qui leur étaient chers et familiers, et qui sont devenus des noms de rivières ou de villes, c'est, dans la langue étrangère pour eux que parlent leurs successeurs, certaines sonorités qui rappellent leur parler à eux, je ne sais quel parfum de France enfin qui subsiste là où la France a passé. Pour comprendre un peuple, dit-il admirablement, il ne suffit pas des études objectives de la science, il y faut les dispositions d'un poète. Il faut offrir à l'objet vivant en face duquel on se place la « loyauté d'un enfant ». Il faut aimer, en un mot. M. Finley a aimé sa vallée du Mississipi et, dans cette vallée, il a aimé la France.

Voilà ce qu'est l'homme que vous avez devant vous. Et maintenant, que vient-il faire aujourd'hui?

M. Finley parcourt infatigablement les universités françaises pour leur faire part d'adresses des professeurs et écoliers des États-Unis. Les États-Unis ne se contentent pas de nous apporter leur force, leur richesse. Ils nous apportent leur âme. Quoi de plus touchant que cette sympathie qui a tenu à traverser les mers sous une forme visible, et à se présenter à vous avec un millier de signatures qui lui donnent quelque chose de concret et de présent.

Et qu'on ne dise pas que, dans la lutte brutale où nous sommes engagés, l'appoint de vieux maîtres et de trop jeunes élèves est chose sans valeur. Nous croyons à la valeur de ces choses sans valeur. Et c'est parce que les États-Unis y croient comme nous qu'ils sont aujourd'hui à nos côtés. Nous avons été des frères d'idéal avant d'être des frères d'armes. Et c'est parce que nous étions des frères d'idéal que nous sommes devenus des frères d'armes. La guerre présente est pour nous et pour l'Amérique une guerre de conscience. Encore l'avons-nous, en ce qui nous concerne, subie avant de la vouloir, si maintenant nous la voulons de toutes les forces qui sont en nous. Les États-Unis ont donné cet exemple unique de vouloir la guerre par devoir.

Et c'est le grand honneur de leurs universités, dont les nôtres ressentent, par contre-coup, quelque fierté, d'avoir été, dans ce grand pays, les organes de la conscience publique. Les premiers qui ont sonné le tocsin sont les Lowell et les Elliot, et vous, Monsieur Finley. Et il ne faut pas être grand expert en psychologie ou un critique des textes pour découvrir, dans les messages immortels du président Woodrow Wilson, même si on ne connaissait pas son passé, l'universitaire, le professeur de droit, que dis-je? le droit lui-même parlant par la bouche d'un homme que ses concitoyens ont porté à la place d'où il pouvait le mieux en faire entendre et exécuter les arrêts.

Ce n'est donc pas seulement une chose

charmante que ces voix d'outre-mer venant nous dire, par l'intermédiaire de M. Finley : Nous sommes avec vous ; vos douleurs sont les nôtres, nous partageons vos espérances, ceux qui restent du côté de l'Océan où nous sommes sont de cœur avec ceux qui osent le traverser pour combattre votre combat. Ces messages ont aussi un autre sens : Nous sommes les soldats de la même cause. Les États-Unis et la France se retrouvent ce que, il y a plus d'un siècle, États-Unis et France étaient déjà, les soldats de la liberté. C'est du fond de notre conscience, c'est du meilleur de nos traditions, c'est de ce que nos maîtres nous ont appris, c'est de ce qui fait pour nous le sens et le prix de la vie, c'est de tout ce que nous croyons que nous avons fait dériver nos raisons d'agir..

Les prestiges de l'amitié sont toujours grands. Que dire d'une amitié où entre cette poétique fidélité qui est celle de l'Amérique envers la France? Cependant l'amitié n'est parfaite, nous enseigne Aristote, que là où elle est fondée sur la vertu. Cela est vrai de l'amitié des peuples, comme de celle des individus. Or l'amitié de nos peuples, que les mêmes devoirs ont rajeunie, accepte cette définition. Il n'entre en elle rien que de pur. Et elle s'offre au jugement de l'histoire qui n'a connu rien de plus noble, qui ne connaîtra, espérons-le, rien de plus fécond non seulement pour nous, mais pour l'humanité entière.

VIII

APRÈS-GUERRE

RÉPONSE DE L'UNIVERSITÉ DE BORDEAUX A L'UNIVERSITÉ D'UPSAL

L'université d'Upsal avait transmis à l'université de Bordeaux et à plusieurs autres universités françaises les doléances des universités de Leipzig et de Heidelberg : celles-ci se plaignaient de ce que quelques savants et tou les bibliothécaires allemands de l'université de Strasbourg eussent été expulsés avec trop de hâte. L'université d'Upsal émettait ensuite le vœu que les relations scientifiques fussent reprises le plus vite possible entre les différents pays. L'université de Bordeaux fit la réponse suivante :

Bordeaux, le 26 février 1919. —

Puisque vous avez cru devoir nous transmettre les lettres des universités de Leipzig et de Heidelberg, nous vous prions, à notre tour, de faire connaître aux universités des pays neutres et aux universités allemandes, si vous croyez que cela puisse servir à quelque chose, le récit des égards que les Allemands ont témoignés, pendant qu'ils occupaient Lille, aux savants, à la science et aux intérêts scientifiques. Vous trouverez ce récit dans les comptes rendus de notre Académie des sciences. Vous trouverez dans la *Revue des Deux-Mondes* d'autres récits signés de la main même du recteur de Lille, à la fois comme témoin et comme victime. Et vous jugerez si les ennuis d'un déménagement, même un peu précipité, ont rien de comparable.

Quant au désir que vous exprimez, en votre propre nom, relatif à une reprise des relations universitaires, nous prions toutes les universités des pays neutres, et en particulier celle d'Upsal qui a, en France, une si haute réputation, d'envoyer des délégués visiter le nord de la France, ou simplement en parcourir en chemin de fer certaines parties ; et vous nous direz, au retour de ce voyage, au bout de combien de temps vous reprendriez des relations avec des gens qui auraient fait la même chose chez vous. Pour nous, la génération qui a commis ces abominations, ou qui, dans le triste manifeste que vous savez, s'est solidarisée avec ceux qui les commettaient, s'est retranchée elle-même de l'humanité. Nous causerons, si elle le désire, avec la génération suivante.

CONSEILS AUX ÉTUDIANTS SERBES

à la fin d'un déjeuner.

Je suis un hôte indiscret et qui s'est invité. Mais je ne regrette pas mon indiscrétion, tellement j'ai été bien reçu et tellement je suis content de mon déjeuner. Oui, j'ai demandé à votre cher, à votre admirable consul[1], votre père momentané à tous, de m'amener au milieu de vous. Ayant été le témoin de votre détresse, lorsque vous avez abordé sur la terre de France, y cherchant un refuge, que vous avez trouvé, je voulais me donner la

1. Qu'il me soit permis de nommer, avec un sympathique respect, dans ce bas de page, M. Delarue.

revanche de jouir de votre joie, de lire la victoire sur vos visages, d'y lire la fierté de la patrie reconquise, l'espoir du sol natal bientôt foulé par vos pieds, bientôt embrassé et béni par vos regards. Cette victoire, vous l'avez bien méritée, comme nous d'ailleurs. Car, parmi les nations alliées, nous ne craignons, hélas ! aucune comparaison pour la quantité de sang versé et de larmes répandues. Vous l'avez méritée par votre courage, par celui de vos pères et de vos frères aînés, par des souffrances physiques et morales aussi glorieuses, plus douloureuses que des blessures même.

Mais je suis venu ici non seulement avec indiscrétion, avec perfidie. Car je veux maintenant mêler à ce chant de triomphe des paroles graves et des conseils. Il me semble que je le dois, ayant été longtemps votre recteur, un peu par suite votre tuteur, et ma sollicitude ne se décidant pas à vous quitter, mais vous suivant jusque dans la patrie où vous allez rentrer. Or je voudrais faire pénétrer dans vos esprits cette idée que le plus difficile n'est pas fait, et que les devoirs de la paix sont aussi impérieux et aussi redoutables que les devoirs de la guerre. Pour répondre aux hautes destinées offertes à votre pays, il ne suffit plus d'être braves, il faudra être laborieux, économes, avoir de l'initiative et de la patience, avoir la volonté persévérante de reconstruire petit à petit vos maisons, vos institutions, toute votre patrie enfin. Jouir de la victoire est une expression très impropre. Et, en disant cela, je pense à nous autant qu'à vous. Car la victoire apporte surtout des obligations et des responsabilités. Et il est, en un sens, plus facile d'être des vaincus. Ce qui ne veut pas dire que nous ne préférions, n'est-ce pas? le rôle difficile de vainqueurs.

Et, si je vous apporte ce viatique austère, c'est que vous, étudiants, vous devez être l'élite, donner l'exemple et que de l'exemple que vous donnerez, de la dignité de vos vies privées, de la fécondité de votre travail scientifique, de la probité de votre travail professionnel dépend pour les années immédiates, desquelles dépendra le sort des générations futures, l'avenir de la grande Serbie, qu'il ne suffit pas de dessiner sur la carte, mais dont il vous appartient, à vous, de faire une grande réalité morale.

Je voudrais de même que vous emportiez de Bordeaux non seulement le souvenir de la vie facile qui s'y étale, mais la notion, qui n'a pas dû vous rester étrangère, de tout le travail caché, multiple en ses formes, intense et continu, de toutes les vertus domestiques qui sont le support de cette apparence élégante. Et j'ai la certitude, mêlée d'orgueil, que ceux de vos maîtres que vous aurez approchés auront contribué à vous donner cette forte impression des vertus de la paix dans notre pays. Je veux espérer en retour que vous leur laisserez l'impression non seulement d'une jeunesse héroïque (on dit : l'héroïque Serbie. Heureux peuple qui a mérité qu'une pareille épithète soit à jamais accolée à son nom !) mais aussi d'une jeunesse studieuse ; je veux être sûr que vous serez égaux à la bonne fortune, comme à la mauvaise, quoique, encore une fois, cela soit aussi difficile.

Et maintenant je reviens joyeusement à l'heure présente, à cette trêve entre les angoisses d'hier et les soucis de demain. Et je lève mon verre à votre patrie renaissante et agrandie, et à son éternelle amitié envers la France qui vous a recueillis et accueillis.

RENTRÉE DES FACULTÉS

AUX ÉTUDIANTS FRANÇAIS ET AMÉRICAINS

Messieurs,

Notre université a perdu, depuis longtemps, l'habitude de ce qu'on appelait des séances de rentrée. Et voici que nous en comprenons le sens oublié, et éprouvons comme le besoin de quelque chose qui y ressemble. Après la longue absence des uns, et en face d'autres qui viennent de si loin, il nous a semblé que ces conditions extraordinaires de temps écoulé ou d'espace franchi nous créaient l'obligation de ne pas vous laisser entrer dans nos salles de cours sans un salut réciproque et sans une sorte de prise de contact collectif. A. l'armée, d'où vous venez, on vous eût passés en revue. Ici, nous vous adressons des discours.

Chers étudiants français,

Je me suis représenté souvent, pendant la longue épreuve, d'abord dans l'espoir joyeux d'une conclusion rapide et d'un prompt retour, puis dans l'attente confiante et

patiente, mais qui commençait à ressembler
à de la résignation, enfin dans le frémissement
de victoires dont le rythme était devenu
quotidien, je me suis représenté le jour où,
maîtres et étudiants, nous nous retrouverions
face à face et nous regarderions les yeux dans
les yeux. Et il me semblait que nous aurions
de longues paroles à échanger. Et ce jour est
venu ; et, comme il arrive entre amis très
chers, longtemps séparés, on a tant de choses
à se dire qu'on ne sait par où commencer,
et l'abondance des sentiments nuit à leur
expression. Ce que je tiens à vous dire cependant, après avoir envoyé une pensée douloureusement émue à ceux de vos camarades
que nous ne reverrons plus, mais dont les
noms pieusement conservés dans notre souvenir, et sur des plaques commémoratives,
seront l'éternel honneur de notre université,
ce que je tiens à vous dire, dès aujourd'hui,
c'est que nous sommes fiers des vivants,
comme des morts. Ce que je tiens à vous dire
c'est : Merci pour le pays sauvé, pour l'Université honorée et grandie dans l'opinion du
pays, comme le pays l'a été lui-même dans
l'opinion du monde.

Et je tiens à ajouter : Vous pouvez être fiers de vos maîtres, comme ils le sont de vous. Ne souriez pas si je vous dis qu'ils ont peiné autant que vous. Je ne parle pas seulement de ceux qui ont été vos modèles et vos camarades au feu ou dans les services hospitaliers, et qui ont payé de leur sang l'honneur et le bonheur d'avoir eu l'âge où l'on peut servir, justement quand il a fallu servir. Je parle même de ces gens à plaindre qui n'ont pas eu d'uniforme pendant ces quatre années. Eh bien ! ceux-là aussi ont travaillé et souffert : besognes imprévues, souffrances trop prévues, patriotiques et paternelles, que ne corrigeaient pas l'appel de l'action et la clarté consolatrice d'un devoir immédiat. Nous nous retrouvons meilleurs les uns et les autres, avec cette haute satisfaction que vaut l'accomplissement d'une tâche qui semblait un défi aux forces humaines. Et nous entrevoyons, certes, des tâches nouvelles, mais auxquelles nous disons à l'avance : Quelle que tu sois, nous avons vu plus rude que toi, et nous avons triomphé.

Et si, malgré tout, mes amis, une lassitude vous menaçait après le long effort, le voisinage de la jeunesse américaine est là pour vous réconforter. C'est le suprême service qu'elle vient nous rendre. La victoire qui est pour vous la fin d'un calice, elle est, en effet, pour elle tout ivresse, ce qu'elle eût été pour vous-mêmes, si elle avait été cueillie en 1914.

Et cette jeunesse victorieuse donne à notre pays une preuve d'amitié plus grande peut-être que celle qu'elle lui a donnée en venant défendre son sol et nos principes communs. Elle s'offre tout entière à notre enseignement, avec une générosité dans la confiance dont l'histoire ne me semble pas offrir d'autre exemple. Que les étudiants d'une nation viennent en grand nombre s'asseoir sur les bancs d'une université étrangère, ce phéno-mène est d'ordinaire l'effet de préférences individuelles, quoiqu'un même mouvement d'opinion les détermine. Mais jamais un État n'a confié à un autre État le meilleur de sa jeunesse, extrait de ce qui était hier une grande et belle armée ; jamais il n'a dit à cet État ami : Faites de cette jeunesse ce que vous voudrez ; nous avons foi en vous, et c'est vous-même d'abord, ce que vous êtes, ce que vous croyez, la langue que vous parlez que

nous vous demandons d'apprendre à nos fils.
Si l'enseignement est une amitié, selon la
parole que j'aime à citer de notre Michelet,
l'amitié de celui qui le donne et de celui qui
le reçoit, quelle profondeur d'amitié inter-
nationale dans ce simple fait, dont la cascade
de faits extraordinaires qui nous a étourdis
nous empêche peut-être de mesurer assez
la portée : l'arrivée des étudiants américains
dans les universités françaises !

Messieurs les étudiants américains,

Nous n'abuserons pas de votre confiance.
La culture française est essentiellement une
culture humaine. Cette humanité qui essaye,
sous nos yeux et par nos mains, de s'organiser,
l'idée en a mûri dans la conscience française.
Un juriste, Guy Coquille, définissait, dès 1600,
notre nation : « nation amatrice de la société
humaine ». L'idée d'humanité dans notre
littérature a pu être, pendant cette guerre
même, le sujet d'un cours qu'un de nos maîtres, que les universités américaines connais-
sent bien, M. Lanson, a professé en Sorbonne.
La « règle du jeu » chez nous, et justement
parce que nous sommes hommes autant que

de chez nous, est une absolue sincérité dans la recherche, dans la critique et dans l'histoire, dans l'histoire que nous avions libérée, à l'excès peut-être, de toute passion nationale. Jusqu'à il y a cinq ans, notre histoire ignorait la haine, et nous avions même une imprudente partialité pour ceux qui étaient alors nos vainqueurs. Vous ne serez donc jamais trompés ici ; notre enseignement est de verre et, en nous quittant, vous n'aurez rien à oublier ; mais vous vous souviendrez de l'ardente sympathie qui, venant de nous, répond à la vôtre.

J'espère aussi qu'en échange des leçons, que vous recevrez de maîtres français, un de vos maîtres d'Amérique consentira à en donner quelques-unes aux étudiants de ce pays, en attendant que ceux-ci aillent à leur tour chez vous. Je vois et je salue dans ce que nous faisons ici, en cette année 1919, le commencement de quelque chose de grand et qui durera...,.

TABLE DES MATIÈRES

110-20. — Corbeil. Imprimerie Crété.

9 782019 303204